事例で楽しく学ぶ
子ども家庭支援の心理学

編集代表●芝野松次郎　　編集●新川泰弘　榎本祐子

中央法規

はじめに

本書は、保育士養成課程の「子ども家庭支援の心理学」のテキストとして発行するものである。本書では、生涯発達における各発達段階の特徴と課題に関する心理学的な知見をふまえたうえで、子どもの生活・生育環境や心の健康、子育て家庭をめぐる現代の社会的状況について学ぶ。また、家族・家庭の意義・機能や親子関係・家族関係などについて、その基本となることを学び、そこに提起される問題や課題を考えることによって、子どもとその家庭を包括的にとらえる視点を身につけることをねらいとしている。

本書には以下の3つの特徴がある。

■本書の特徴

① 各章の冒頭に、「事例・エピソード」を設定することで、事例を通して楽しく、自分事として学ぶことができる。
② 授業前の「予習」と授業後の「復習」として活用できる演習をそれぞれ設定している。
③「さらに詳しく学ぶ」では、社会的関心の高いテーマや専門的内容について学びを深めることができる。

また、保育士養成課程「子ども家庭支援の心理学」の「教科目の教授内容」に対応して、次ページの表のとおり全15章で構成されている。

「教科目の教授内容」では、心理学に関する内容である「1. 生涯発達」と「4. 子どもの精神保健とその課題」が、最初と最後に配置されているが、本書では第1章から第6章に「生涯発達」、第7章及び第8章に「子どもの精神保健とその課題」を配置し、心理学に関する内容を連続して学べるようにしている。また、「教科目の教授内容」では、子ども家庭福祉に関連する内容である「2. 家族・家庭の理解」と「3. 子育て家庭に関する現状と課題」が中央に配置されているが、本書では第9章から第12章にマクロ的な内容である「子育て家庭に関する現状と課題」、第13章から第15章にミクロ的な内容である「家族・家庭の理解」を配置し、子ども家庭福祉のなかでも、まず子育て環境に関する内容を学び、これをふまえたうえで子ども家庭支援の内容を学べるようにしている。

各章においては、最初に、各章のねらいを示し、これを受けて「予習」→「授業」→「復習」の流れを意識して構成している。具体的には、まず、「授業までの

■「教科目の教授内容」と本書の目次構成の対応

子ども家庭支援の心理学「教科目の教授内容」		本書の構成
1.	生涯発達	
	(1) 乳幼児期から学童期前期にかけての発達	第1章　乳児期の発達の特徴と課題
		第2章　幼児期前期の発達の特徴と課題
		第3章　幼児期後期の発達の特徴と課題
	(2) 学童期後期から青年期にかけての発達	第4章　児童期の発達の特徴と課題
		第5章　青年期の発達の特徴と課題
	(3) 成人期・老年期における発達	第6章　成人期・老年期の発達の特徴と課題
2.	家族・家庭の理解	
	(1) 家族・家庭の意義と機能	第13章　家族・家庭の意義と機能
	(2) 親子関係・家族関係の理解	第14章　親子関係・家族関係の理解
	(3) 子育ての経験と親としての育ち	第15章　子育ての経験と親としての育ち
3.	子育て家庭に関する現状と課題	
	(1) 子育てを取り巻く社会的状況	第9章　子育てを取り巻く社会的状況
	(2) ライフコースと仕事・子育て	第10章　ライフコースと仕事・子育て
	(3) 多様な家庭とその理解	第11章　多様な家庭とその理解
	(4) 特別な配慮を要する家庭	第12章　特別な配慮を必要とする家庭
4.	子どもの精神保健とその課題	
	(1) 子どもの生活・生育環境とその影響	第7章　子どもの生活・生育環境とその影響
	(2) 子どもの心の健康に関わる問題	第8章　子どもの心の健康にかかわる問題

準備」においては、「授業前にここだけは読んでおこう」という趣旨で、「授業が楽しみになるような学びの内容」の事例（エピソード）課題を示している。次の「授業で学ぶこと」のうち、「基本を学ぶ」は、基礎を押さえる内容であり、授業で必ずふれる中心部分となっている。当該章に関する重要な内容が、理論やデータに基づいて明確に記述されている。それぞれにおいて、情報を補足して、さらに発展的に学ぶことも可能である。「さらに詳しく学ぶ」は、学生が、自らの興味・関心を引き出し、「学問の面白さ」に気づき、自分自身で主体的に学習していけるような社会的関心の高いテーマや専門的内容などについて、平易な言葉で解説している。そして、各章の最後に、「復習ワーク」として、「基本を学ぶ」で学んだことを復習できる「演習課題」を設定している。

　本書により、基礎的および専門的な知識・技術を学び、将来、子どもと子育て家庭を支援する役割を担っていただくことになれば、望外の幸せである。

編者一同

目次

第13章 家族・家庭の意義と機能

第14章 親子関係・家族関係の理解

第15章 子育ての経験と親としての育ち

第1章

乳児期の発達の特徴と課題

この章のねらい

乳児期とは、一般的に生後1歳半頃までを指す。この期間に赤ちゃんはめざましく発達し、生涯にわたる成長の基盤を立ち上げる。一人では生存できない、生物としてはいわば未完成ともいえる状態で生まれてきて、その後、短期間に大きく成長するその姿には、人間が種として備えている生物としての特徴が色濃く表れている。本章では、乳児期における子どもの発達について認知的側面、社会的側面から学び、その過程を何が支えているのか、探っていく。

この章の構成

授業までの準備 —もうすぐ4か月—

機嫌よく遊ぶ姿が増えてきたあおいちゃん。様子を少しのぞいてみよう。

朝のミルクの後、ベッドに仰向けになったあおいちゃん。右手の親指を口に入れ、喉の奥で「うー、あうー」とやわらかな声を繰り返し出している。そのリズムに合わせて、ときおり両足を蹴っている。左手が胸のあたりで上掛けに触れると、端っこをつかんで一瞬引っ張るが、すぐにこれを離して口元に近づけ、合わさった両手の指を次々と入れ替えるようにして口に入れる。

お母さんが笑顔でのぞき込んで、「おてて、おいしいねー」と、あおいちゃんの声に応えるようにゆったりと話しかけると、あおいちゃんは丸々した手足をバタバタさせて、息を弾ませ、嬉しそうにお母さんの目を見つめる。そして、上唇を吸い込むように動かすと、「ぱっ、ぱっ」という音が出はじめた。それに合わせてお母さんが、「じょうず、じょうず」と言いながら、同じように音を出して応えると、あおいちゃんはますますうれしそうに息を弾ませ、ふっくらとした頬にさらに力を入れてその音を出そうとする。顔を赤くしてがんばる姿を見て、お母さんは思わず吹き出してしまった。これまでは「うー、あうー」といった喉の奥から出るような声がほとんどだったが、少し前に唇を使った音が偶然出て、それが面白いのか、ときどきその音を出そうとしているようだ。お母さんは、あおいちゃんがかわいくてたまらない。

? 考えてみよう

1. 事例のなかで、お母さんは、あおいちゃんのどういった行動に、どのように応答しているだろうか。文章のなかから探してみよう。

2. 事例には「お母さんは、あおいちゃんがかわいくてたまらない」とあるが、あおいちゃんのどのようなところがお母さんにそう感じさせるのだろうか。考えてみよう。

基本を学ぶ

1 認知機能の発達

赤ちゃんは、誕生後にどのように世界と出合い、かかわりを深めていくのだろうか。まずは認知発達の側面から見ていこう。

(1) 生後すぐにはじまる知的な活動

生まれて間もない新生児は、自力では動くことも食べ物を手に入れることもできず、ただ受動的にケアを受けているだけのように見える。しかし、5つの感覚機能は胎内ですでに発達しており、誕生直後から機能している。生後間もない新生児でも、母親の声や匂いを他者のそれと区別することができる。また、一様な色刺激より模様のある刺激を長く注視するなど、より複雑な刺激に関心を向ける。そのほか、音のするもの（聴覚）を目で追う（視覚）など、異なる感覚を統合して対象をとらえていることもわかっている。

一方で、新生児は、自分の動作とそれが引き起こす結果との随伴関係についても認識することができる。つまり、身の回りにある事象間の因果関係に気づき反応していく力が新生児の段階からすでに備わっているということであり、子どものなかでは、周りの世界を知覚し適切に処理して取り込んでいく知的な活動が生まれてすぐに、もうはじまっているのである。

(2) 運動機能の発達と世界とのかかわりの拡がり

このように、人間の子どもは優れた感覚・知覚機能を備えて生まれてくるが、運動機能は誕生時にはまだ十分には備わっていない。自分の意思による随意運動は、生後、関連する神経機構の成熟や筋の発達にともなって次第に獲得されていく。そこには一定の方向性があり、頭部から尾部へ、体幹から周辺（四肢）へ、また、粗大運動（身体全体の大きな動き）から微細運動（手指の微細な動き）へと進んでいく。

運動機能の発達は、子どもが移動できる空間を拡大させ、対象に向ける操作の可能性を拡げることで、認知発達を大きく支える。またこれと同時に、自らの身体で周りに働きかける経験が蓄積されることで、子どもは「行為の主体者である自分」を次第にはっきりと意識していく。そしてこれが、この後に続く、自己効力感や有能感の獲得、自我の形成の基盤となる。

(3) 認知発達の基盤としての感覚運動的知能の獲得

このように、子どもは誕生直後から周りの世界を知覚し、身体運動を介して周りの世界と能動的にかかわっていく。感覚と運動を介して周りの世界とかかわり、理解を深めていくこの時期を、スイスの発達心理学者ピアジェは感覚運動期と呼び、この時期に形成される感覚運動的知能をその後の認知発達の起源と位置づけた。

ピアジェによると、この時期、子どもは身体の感覚や運動を理解の枠組み(シェマ)として外界とかかわっており、かかわりが繰り返されるなかでその枠組みは徐々に多様化し、相互に関連づけられ内面化・組織化されていく。その結果、1歳6か月~2歳頃になると、子どもは、感覚や運動をともなわなくても外界のものごとをイメージにより頭のなかに思い浮かべることができるようになる。イメージという表象を使えるようになることで、外界にあるものごとを頭のなかで再現し思考の対象ととらえることができるようになり、「今、ここにあるもの」を超えた思考が可能になる。

2 他者とつながることの芽生えと生涯にわたる成長の基盤づくり

1で学んだ認知機能の発達に支えられながら、子どもは、これ以降の育ちの基盤となる重要な力を養育者とのかかわりのなかで順に身につけていく。その過程を見ていこう。

(1) 他者とのつながりを引き出す生得的基盤

すでにふれたように、人間の子どもには誕生時から優れた感覚・知覚能力が備わっているが、一方で、運動や消化、体温調節などの機能は未完成である。スイスの生物学者ポルトマンはこれを生理的早産と呼んだ。そのため、子どもは生命維持のために養育者から手厚いケアを引き出すことが必要になるが、実は子どもは、それに有効な特性をいくつも身につけて生まれてくる。

たとえば、年少の子どもは一般的に頭が大きく、額が張り出し、目も低い位置にある。手足は相対的に短く身体全体が丸みをおびている。子ども特有のこのような容姿は**ベビースキーマ**と呼ばれ、人間以外の動物にも見られる。大人からの攻撃を防ぎ、養育行動を引き出す働きをもつと考えられている。

これに加えて、人間の子どもは、生後の早い時期から人に関連する刺激に対してより多く注意を向ける。たとえば、人の顔のようなパターンをより好んで見る（図1-1）。また、音声の言語的要素を早くから聞き分ける。大人が目の前で舌や口を動かすと、それに共鳴するように同じ動きをする**新生児模倣**も知られている。つまり、子どもは、身の回りのどのような刺激よりも人の顔に対して選択的に注意を向け、人の言葉を敏感にとらえ、人と共鳴し、同調し合うように方向づけられて生まれてくるのである。

図1-1 注視時間から見た乳児の図形パターンに対する好み（Fantz,1961）

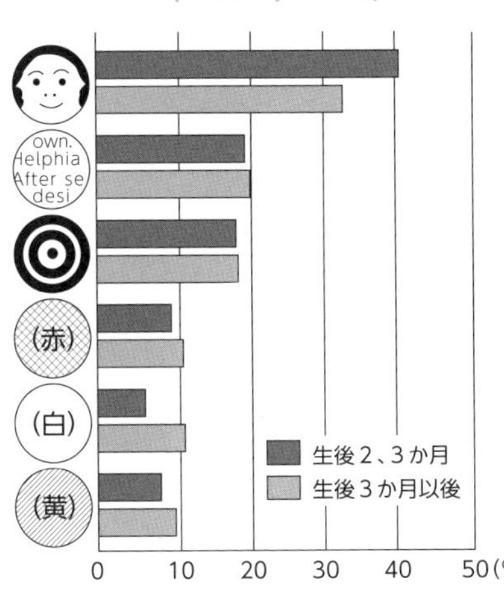

いろいろな図形パターンを対にして提示し、注視時間を調べたところ、乳児は単純な図形パターンより複雑な図形パターンをより長く注視し、なかでも人の顔パターンを最も長く注視した。

出典：無藤隆編『発達心理学』ミネルヴァ書房、p.33、2001年

（2）養育者とのかかわりの深まり

このように方向づけられて生まれてきた子どもは、養育者が腕に抱くとその顔に注意を向け、言葉をじっと聞き、養育者の表情や動作に共鳴して身体を動かし、声を出す。このような子どもの行動は、子どもが子どもなりの意思をもって、自分の働きかけに応答しているという印象を養育者に与え、養

育者はこれに応えようとさらに子どもに働きかける。

このように養育者が働きかけるとき、無意識のうちにその表情は大げさになり、声は高くなり、言葉のイントネーションは誇張されることが知られている。子どもに向けられるこのような特徴的な話しかけ方はマザリーズと呼ばれ、これが子どもの注意をさらに引きつけ、子どもから次の行動を引き出していく。

このように、子どもの側と大人の側にある特性があたかも2つの歯車のようにかみ合うことで、子どもと養育者の間には、互いに引きつけ合い共鳴し合う情動をともなう交流関係が早期から立ち上がる。そのなかで、養育者は子どもの動きや情動表現に自らの働きかけを直観的に同期させ、子どものリズムを自らのリズムに巻き込んでいく。同調的に作用し合うこの過程はエントレインメントと呼ばれ、やがてそこから相手の反応を予期し合う相互予期的な反応パターンが生まれてくる。これは、交互に情報を伝え合うコミュニケーション構造の芽生えであり、やがて言葉によるコミュニケーションへと置き換わっていく。

（3）アタッチメントの形成と内的作業モデル

さて、2か月頃から活発になり次第に深まるこのような交流関係において、子どもは、養育者を心地よい交流を実現してくれる特別な存在として次第に認識するようになり、自らの行動をその人に選択的に向けていくようになる。その結果、子どもとその養育者との情動的な結びつきは一層強まり、6か月頃にはその養育者と常に近接していたいという思いがはっきりと示されるようになる。

情動的な絆で結ばれた特定の他者との近接を求めるこのような心的傾向を、イギリスの児童精神科医ボウルビィはアタッチメント（愛着）と呼んだ。そして、その愛着対象に自分は守られているという主観的な確信をもつことが、子どものその後の発達を支える重要な基盤となると考えた。このような主観的確信により子どもが感じる安心感は、アメリカの心理学者エリクソンの提唱する基本的信頼に通じるものである。困ったときには愛着対象によって必ず守ってもらえるというこの主観的確信が「安心の基地」（secure base：安全基地）や「安全な避難所」（safe haven）として機能することで、子どもは未知の世界に意欲的に乗り出し探索していくことができるのである。

愛着対象から引き離された子どもは不安になり（分離不安）、近接関係を取り戻して安心感を回復させようとする。この愛着行動は、初期にはしがみつきや後追いのように身体的接触や物理的な近接を求める行動として表れるが、2～3歳頃からは、愛着対象との関係についてのイメージや、それにともなう主観的確信は次第に内面化されていく。子どもは、物理的に近接していなくても、内面化されたイメージにより安心感を得ることができるようになる。

ボウルビィは、その後の子どもと愛着対象との関係は、この内面化されたイメージに基づいて構築されていくと考え、これを内的作業モデルと呼んだ。またこれに留まらず、このモデルは、その後、子どもが新たな他者と出会い、かかわりを構築していく際にも、生涯にわたって適用されていくと考えた。発達初期における経験が、生涯にわたり影響することが指摘されている。

（4）共同注意の出現

このようにして養育者と子どもの間の関係は次第に深まってくるが、8か月頃までは、二者は互いに向き合い同期し合う関係であった。また、ものとかかわるときには、「養育者ともの」「子どもともの」のように、それぞれが別々にものとの関係をつくっていた（二項関係）。ところが9か月頃になると、1つのものに対して養育者と子どもが一緒にまなざしを向けるということが起こりはじめ、それが第三項となって、三項関係が成立してくる。ものへの注意を共有し、それに向ける互いの興味や関心を共有し合う共同注意が生起してくる（図1-2）。

この共有において、子どもは養育者（図1-2では「大人」）がものに向けるまなざしをなぞり、そこに内包される養育者の振る舞いや感じ方を自らのまなざしとして取り込んでいく。養育者の視線を追い、ものに向ける養育者の行動を模倣することが盛んに行われるようになる。養育者の表情を参照して判断しようとする社会的参照も見られるようになり、子どもは養育者を基点にして環境を意味づけ自分の行動を形づくっていく。このように劇的な変化が生じることから、この変化は「9か月革命」とも呼ばれている。

図1-2 二項関係から三項関係へ

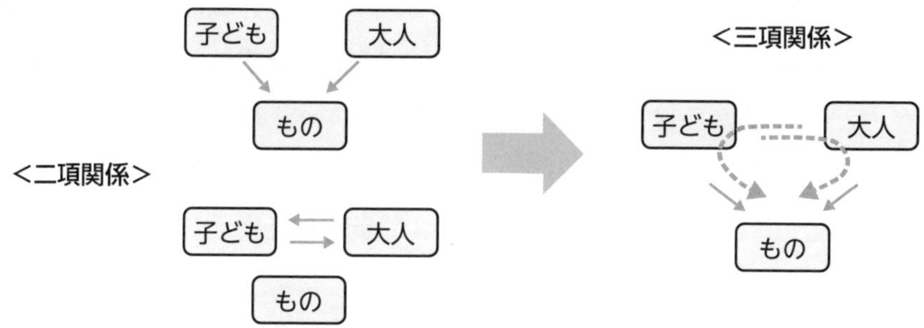

出典：岩田純一『<わたし>の世界の成り立ち』金子書房、p.34、1998年を一部改変

（5）言葉のはじまり

三項関係は、言葉の獲得の基盤でもある。三項関係において対象に向ける養育者のとらえ方や意図を察知できるようになってくると、子どもは、養育者には養育者なりのとらえ方や意図があり、自分とは別の主体であることにも気づきはじめる。そして、自分の関心や意図を養育者に伝えようと、動作や音声を意図的に使いはじめる。声を出しながら手で指し示す、対象物と養育者の顔を交互に見る、といった行動が9か月頃から見られるようになる。また、それまでは特に誰かに指し示すためには行っていなかった指さしを、養育者に向かって欲しいものを要求したり、あんなものがあると養育者に指し示したり、あれはなに？　と問いかけるような場面で使うようになる。

三項関係において指示行動を盛んに行うようになった子どもは、養育者が特定の対象を指示するのに特定の音声を使っていることにも気づきはじめる。そして、自分もその音声をなぞり、対象を指示しようとしはじめる。これは、特定の音声が特定の対象を指示する記号的意味をもつことへの気づきであり、そこから、音声を言葉として使用することがはじまる。1歳頃に見られる初語の獲得である。

ところで、このように養育者の発声をなぞるためには、その音声を自分も構音できなければならない。泣き声ではない非叫喚発声は2か月頃から現れ、発声器官の発達もあって、4か月頃からはさまざまな音を音遊びのように発するようになる。6か月頃には子音と母音を組み合わせて繰り返す反復喃語が現われてくる。その後、喃語は複雑化していき、また、母国語にある音節を組み合わせたような発声が増えてくる。そして、ちょうどこの頃成立してきた三項関係において、養育者の音声をなぞることが本格的に行われていく。ここへ来て養育者の発声をなぞることができるのは、生まれてからそれまで積み重ねられてきた養育者とのやりとりのなかで、必要な構音機能が育まれてきたからに他ならない。

3 乳児期の子どもの発達を支えるもの

これまで見てきた発達過程から考えると、乳児期における子どもの発達は何が支えているといえるだろうか。考えてみよう。

こうして見てくると、子どもは、乳児期の終わり頃までに、自分の意思で動かせる身体、頭のなかで考えるための表象、認知的・社会的発達の基盤となるアタッチメント、他者と交流し人としての学びを支える言葉、といった、これ以降の発達を支える諸機能の根幹的な部分を身につけていることがわかる。

そしてそれらが獲得されてきた道筋をたどると、いずれも、養育者の継続的な働きかけがそれを可能にしてきた。養育者は、子どもが主体的に身体を動かし探索できる、安全で豊かな環境を用意し、子どもの欲求や関心を敏感にとらえ応答することを重ねて愛着関係を築く。そしてそれを土台にさらにやりとりを重ね、共同注意や言葉を育てていく。一方で、これらの育ちの実現には、子どものなかで並行して進む周りの世界についての理解の深まりや、記憶する力の増大、表象使用といった知的な発達が随所で寄与している。生理的早産の状態で生まれ、養育者（他者）との密なかかわりのなかで、養育者（他者）を通して、人として生きるために必要な諸要素を人特有の知的成長に支えられながら身につけていくという、ヒトという種に特有の成長の姿がここにある。

だとすれば、乳児期のヒトの子どもの発達を支えるためには、養育者に期待されるこのような手厚いかかわりを保障していくことが第一義的に重要になろう。しかし、1年半という長い期間にわたり養育者が一人でこの密なかかわりを完結させることは容易ではない。愛着関係は父親や祖父母、保育者など、母親以外でも重要な他者との間に形成されることがわかっている。養育をともに行う家族のみならず、それを支える地域、さらには保育施設をはじめとする公的な支援システムの構築も含め、適切なかかわりを社会全体で保障していこうとする包括的な取り組みこそが、乳児期における子どもの育ちを支えていくのである。

さらに詳しく学ぶ

1 ピアジェの認知発達理論

ピアジェは、知能は生物学的適応の延長にあって、大人のもつ高次な知能も、本能や反射といった生物としての基本メカニズムを起源に形成されていくと考えた。そして、その形成過程を説明するために、外界を認識する際に用いられる思考の枠組み（認知構造）であるシェマという概念を提唱した。子どもは、外界の対象に出会うと、既有のシェマを使ってそれを認識し（同化）、うまくいかなければ、対象に合わせてそのシェマを修正する（調節）。しかし、調節だけでは十分に外界を取り込めなくなると、それまでのシェマを土台とする、より複雑な構造をもつ新しいシェマが形成される。この繰り返しにより次第に達成されていく知能の獲得過程を、ピアジェは大きく4つの時期に分けてとらえた（表1-1）。

表1-1 ピアジェによる認知発達の時期と特徴

時期	年齢	特徴
感覚運動期	誕生～2歳	運動と感覚を使って外界を認識する 対象の永続性が獲得される
前操作期	2歳～7歳	自己中心的思考、直観的思考を行う 表象を使って思考する力を発達させていく
具体的操作期	7歳～11、12歳	保存概念が成立する 具体物に関しては論理的思考が可能になる
形式的操作期	11、12歳以降	具体物に関してでなくても論理的思考が可能になる 組み合わせによる推論、仮説演繹（えんえき）的推論が可能になる

感覚運動期

ピアジェは、この時期をさらに6つの下位段階に分けている。①第1段階：誕生から1か月頃まで。当初は反射で引き起こされていた動きを、自らの行動のシェマとして分化させる。②第2段階：1～4か月頃。指を吸うなど、自分の身体にかかわるシェマを繰り返し使いはじめる（第一次循環反応）。③第3段階：4～8か月頃。手でつかんだガラガラを繰り返し振って喜ぶ、というように、ものを自分の身体のシェマで取り込むことを繰り返すようになる（第二次循環反応）。また、「見た」ものを「つかむ」というように、2つのシェマを協応させることがはじまる。④第4段階：8～12か月頃。何かを別の物の中に入れる、というように、シェマを協応させてもの同士を関係づけることがはじまる。また、布で隠されたものを取るために布を取り除くなど、「布を取る」「ものをつかむ」という異なるシェマを手段─目的関係において組み立てて使うことができるようになる。この行動の出現を、ピアジェは、ものは見えなくても存在し続けるという対象の永続性の理解の表れととらえた。⑤第5段階：1歳～1歳6か月頃。ものの新しい特性を探ろうとして、自分でいろいろとかかわり方を変えて試してみるといった、いわば実験のようなことを繰り返し行うようになる（第三次循環反応）。⑥第6段階：1歳6か月～2歳頃。心のなかでシェマを組み合わせ、実際に行動しなくても自分の行為を心のなかに表象できるようになる。外界のものごとを頭のなかに表す「表象」が獲得されたということであり、これにより子どもは表象的思考の段階へと進んでいく。

前操作期

この時期には、表象を使って外界を理解し、推論するという新しい思考の様式が使われはじめる。何か（積み木）で何か（車）を象徴する象徴機能が盛んに使われはじめ、見立てやふり、ごっこ遊びが盛んに行われるようになる。前に見たものや動作を時間をおいて再現する延滞模倣も可能になり、表象の多様化や関係づけが進んでいく。しかし、この時期の子どもの思考にはまだ限界があり、自己の視点から抜け出すことがむずかしい（自己中心性）、視覚的な印象に引きずられて直観的に判断してしまう（直観的思考、図1-3）、といった特徴が見られる。

具体的操作期

この時期になると、自己中心性から脱却して（脱中心化）、1つの視点にとらわれることがなくなる。また、見かけ上の形が変化しても、相補性や逆操作といった概念により、数や重さ、液量の体積といった本質は変わらないと理解できるようになる（保存概念の獲得）。しかし、論理的思考で扱える範囲は、この時期にはまだ現実の世界で子どもが具体的に経験できる内容に

図1-3 視覚的な印象に引きずられた反応の例（保存課題）

<数の保存課題>

等間隔のときは白も緑もおはじきの数は同じと答えるが、緑の間隔を広げると緑のほうが多いと答える

<液量の保存課題>

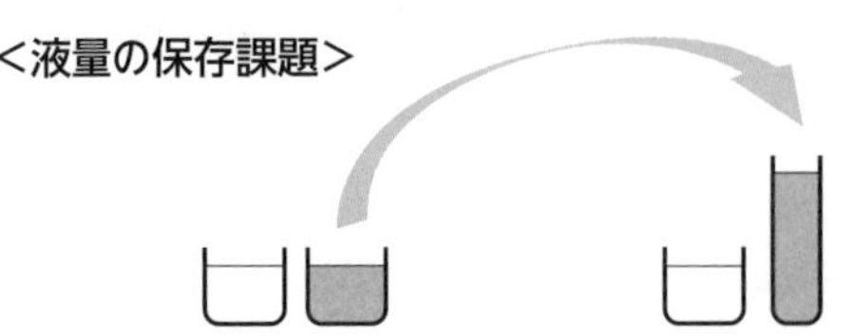

同じ形の容器に入っているときは2つの液の量は同じと答えるが、片方を幅の狭い容器に移し替えると水面の高いほうが多いと答える

制限されている。

形式的操作期

この時期には、現実にある状態とは切り離したところで論理操作を行うことが可能になる。対象についてすべての可能な組み合わせを考えたり、仮説を立てて演繹（えんえき）的に推論したりすることが可能になる。反射を起源とし、長い時間をかけて徐々に制限が取り除かれ、ここに至って、すべての制限が取りはらわれた最大限に適応的な知能が完成されたことになる。

2 コア知識理論

ピアジェの認知発達理論は大きな反響を呼び、その後、多くの研究がこれに続いた。その結果、これまでにいくつかの修正も迫られることとなっているが、注目されている議論の1つに、対象の永続性の問題がある。馴化（じゅんか）—脱馴化法、期待背反法といった、対象の注視時間を利用した乳児にも可能な実験方法で調べると、早い場合は生後3か月半で、知覚のレベルでは対象の永続性が理解されていることがわかってきた[1)]。これは、ピアジェが行動のレベルでそれが出現するとした8か月よりも数か月早い。物理的事象以外の他の領域に関しても、生命体（人）と非生命体の区別は2か月頃から、また、小さな数についての初歩的な計算は5か月頃から可能であるなど、乳児期早期の段階ですでに世界を理解する力が一定程度備わっているという報告が近年数多く蓄積されてきた[2) 3)]。

このような動向のなかで、子どもは周りの世界を知覚し推論することを可能にするコア知識を生まれつき備えているのではないか、という仮説も提唱されることとなった[4)]。コア知識には、物体、行為者、数、空間、社会的相互作用にかかわる5つの知識システムが含まれており、それぞれが領域固有に、また比較的自動的に適用されることで、生態学的に重要な対象や事象の識別、それについての適切な推論が早期から実現可能であると考えられている。

このように発達に領域固有性を仮定する考え方は、領域一般的な認知構造を仮定するピアジェの考え方と異なるものであるが、今日ではこの考え方を支持する研究者も多く見られるようになってきた。

復習ワーク

1. 事例のなかのあおいちゃんやお母さんの姿は、本文中にある発達過程の記述のどの部分に該当するだろうか。考えてみよう。
2. 養育者と子どもが注意を共同しながら遊ぶことのできる遊びをいくつか考え、グループで意見交換をしよう。

引用文献

1) Baillargeon, R. "Object Permanence in $3^{1/2-}$ and $4^{1/2-}$ Month-Old Infants." *Developmental Psychology*, 23(5), pp.655-664, 1987.
2) Legerstee, M. "A Review of the Animate-inanimate Distinction in Infancy: Implications for Models of Social and Cognitive Knowing." *Early Development and Parenting*, 1(2), pp.59-67, 1992.
3) Wynn, K. "Addition and Subtraction by Human Infants." *Nature*, 358, pp.749-750, 1992.
4) Carey, S. & Spelke, E. "Science and Core Knowledge." *Philosophy of Science*, 63(4), pp.515-533, 1996.

第2章

幼児期前期の発達の特徴と課題

この章のねらい

幼児期前期とは、一般に1歳半から3歳頃を指す。この時期の子どもは、移動能力が発達し、活動する世界が広がるとともに、認知や言語、社会性の発達が著しく、主体そのものとしての自己を形づくっていく。本章では、こうした幼児期前期における発達の様相について理解していく。特に、発達のシステマティックな特性に焦点を当て、諸所の領域や能力などが相互に関連しながら発達していくことに対する理解をめざす。さらには、子どもの発達を支援する大人の役割について考察を深める。

この章の構成

授業までの準備 —発達の支援と信頼関係の構築—

以下は、保育実習直前の学生と教員との会話である。

学生：今度の保育所での実習なんですが、うまくできるか不安です。
教員：実習は学びの場なので、多くのことが学べれば大丈夫ですよ。ところで、何を学ぼうと思っているのですか？
学生：はい。1、2歳児担当なので子どもの発達の特徴と、保育士さんの発達の支援について学ぼうと思っています。
教員：大切なことですね。それは、どうやって学ぶつもりですか？
学生：子どもができることとできないことを、しっかり観察しようと思っています。そして、保育士さんの声かけや援助のタイミングなども観察しようと思っています。
教員：なるほど。でも、子どもの発達はできなかったことができるようになる、といった目に見える行動面だけでしょうか？
学生：そういえば、授業で子どもの心の世界の発達の話をされていましたね。
教員：それと、発達の支援には見守りも重要になるのですが、これには子どもとの信頼関係が必要になります。実習中、どうやって子どもたちと信頼関係を築いていきますか？
学生：子どもの話をしっかり聞くことと、一緒に遊ぶこと、後は…。どうすればよいのかわからなくなってきました。考えてみるとむずかしいです。
教員：子どもの心の世界がどのように発達していくのか、子どもと保育士さんの信頼関係はどうやって築かれていくのか、こういったことを実習中に学ぶことができればよいですね。これらがわかると、保育の専門家としての発達の支援のあり方が見えてくると思います。充実した実習になることを期待しています。
学生：学ぶことがわかってくると、なんだか楽しみになってきました。ありがとうございました。

? 考えてみよう

1. 子どもと信頼関係を築くために最も重要なことは何か、考えてみよう。

2. 具体的に何をすれば子どもの発達を支援できるのか、考えてみよう。

基本を学ぶ

1　アタッチメントと発達

アタッチメントの形成過程と、発達に与える影響について学ぼう。

（1）アタッチメントの形成過程

おおよそ1歳頃になると、子どもと養育者との間にアタッチメント関係（愛着関係）が形成されることになる。アタッチメント（愛着）とは、「危機的な状況、あるいは潜在的な危機に備えて、特定の対象との近接を求め、またこれを維持しようとする個体の傾性」であり、危機場面で高まる「ネガティブな感情状態を、他の個体とくっつくことで低減・調整しようとする行動制御システム」のことである[1)]。

人間は、自力で移動することもできないといったように、運動機能に関しては未発達な状態で生まれてくる。したがって、生きていくためには、他者に保護、養育してもらう必要がある。こうしたことから、人間は誕生直後から養育者をはじめ他者と密接なかかわりをもちながら生活していくことになる。

たとえば、「お腹がすいた」「オムツが濡れて気持ちが悪い」「目覚めたら暗くて誰もいない」などのネガティブな感情が生じた場合、子どもは自分一人でネガティブな感情を解消することができないため、危機的な状態に陥ることになる。こうしたとき、子どもは大声で泣いたり、養育者を後追いしたり、しがみついたりといった行動をとる。これらはアタッチメント行動と呼ばれ、他者とくっつくための生得的に準備された行動と考えられている。また、これらの行動は子どもが危機的な状態にあることを示すシグナルの役割を担うことになる。したがって、子どもが発したシグナルを養育者に気づいてもらえると、保護や養育行動を引き出すことに成功する。その結果、子どもは危機的な状態から救出してもらうことができ、ネガティブな感情状態を元のニュートラルな状態に戻してもらえることになるのである。

子どもと養育者は喜びを共有したり、あるいは、しつけ場面等において、さまざまなかかわり合いをもつ。しかし、アタッチメント関係は、前述のとおり、子どもにネガティブな感情が生じたとき、特定の養育者に身体的にも心理的にもくっつき、感情を調整してもらうといったかかわり合いによって生じる安心感の蓄積によって形成されるのである。アタッチメント理論をまとめたボウルビィは、アタッチメントは乳幼児期に限らず生涯にわたり、心身の成長・発達に大きな影響を与えるとしている。

（2）安心感の輪のなかで育まれる力

アタッチメント関係が形成されると、子どもにとって養育者は「安心の基地」（secure base：安全基地）であり、「安全な避難所」（safe haven）となる。子どもは「安心の基地」で元気をもらえるため、外の世界に冒険へ出かけ、探索活動を行うことができるようになる。そして、冒険の途中で危機やフラストレーションなどのネガティブな感情を経験すると、「安全な避難所」に向かい、そこでネガティブな感情を受け止めてもらい、共感してもらい、励ましてもらうことになる。そうして、元気を補充してもらうと、また「安心の基地」から冒険へ旅立っていくことになる。こうした繰り返しは「安心感の輪」（図2-1）と呼ばれ、この輪のなかで子どもは発達していくことになる。

図2-1 安心感の輪

資料：遠藤利彦監 『アタッチメントがわかる本——「愛着」が心の力を育む』講談社、pp.22-23、2022年を参考に作成

「安心感の輪」のなかで、子どもは以下の3つの重要な力を育んでいく。

1つめには、守ってもらう経験を通して、他者を信頼する感覚を獲得する。同時に、自分は守ってもらえる存在であり、それだけの価値があり、愛してもらえる存在であることを実感する。こうして、自分に対する信頼、他者に対する信頼を表裏一体の形で獲得していく。

2つめには、自律性を獲得していく。子どもは崩れた感情を受け入れてもらい、立て直してもらう経験を積むことで、「安心の感覚」をもてるようになる。すると、「何かあったらあそこへ行けば大丈夫」という見通しが立つことになるため、子どもは自分から世界を広げ冒険できるようになる。また、シグナルを発すれば他者を動かすことができるという感覚、つまり自己効力感を培っていくことになる。このようにして、子どもに心のたくましさが生まれ、一人でいられるようになる自律性を獲得していく。

3つめには、共感性の発達である。養育者は子どもと共感的にかかわると同時に、子どもの心の状態を表情や言葉かけによって鏡のように映し出し、子どもに伝えている。こうした経験を重ねていくと、やがて子どもは他者に共感し、徐々に相手の状態や気もちを的確に読み取ることができるようになっていく。さらには、自分がしてほしいことを、言葉を用いて的確に相手に伝えることができるようになっていく。

(3) アタッチメントに基づく大人の支援のあり方

このように、アタッチメントを基盤とする「安心感の輪」のなかで、乳幼児期における重要な発達がうながされていくと考えられている。したがって、養育者および養育者と同様にアタッチメント対象となりうる保育者は、子どものネガティブな感情を受け入れ、調整するかかわり合いを中心として関係性を築き、「安心感の輪」のなかで子どもの「安心の基地」としての役割を担うことが求められる。

2　身体・運動面の発達

身体・運動面の発達の様相、および認知や意欲など、他の側面との関連について学ぼう。

（1）乳幼児期の発達的特徴と運動経験の位置づけ

乳幼児期は心身の発達が未分化で、両者は密接な関係にある。したがって、この時期は身体を活発に動かして遊ぶことによって、意欲、社会性、認知などの心理面も同時に発達するのである。ゆえに、保育所保育指針などにおいては、遊びを中心とする生活での体験を総合的にとらえることを求めており、運動経験を体力や運動能力などの身体面を向上させる活動としてだけではなく、心理的な側面の発達をうながす活動としても位置づけている。

（2）幼児期前期における身体・運動面の発達と遊び

幼児期前期における身体・運動面の発達の特徴として、移動能力の獲得があげられる。こうした粗大運動の発達は個人差が大きいが、1歳半頃には歩行が安定し、徐々に坂や段差などに対応できるようになっていく。さらに、階段をはって登ったり、しゃがんで物を取ったり、物を持って歩いたり、押して歩いたりといったことができるようになる。

2歳を過ぎる頃には、歩く力が増すとともに、走る、跳ぶ、よじ登る力も育ち、階段の上り下りもできるようになる。養育者や保育者との追いかけっこや、友だち同士で走り回って楽しむ姿が見られるようになり、リズム遊びなどもできるようになる。3歳頃になると、両足で跳ぶ運動が現れ、その後、片足ケンケンができるようになっていく。

手指の操作といった微細運動に関しては、1歳後半頃からスプーンが使えるようになり、ペンを持ってなぐり描きをしたり、円錯画を描いたりする姿も見られるようになる。積み木や細かい物の操作も上達する。2歳になると片手に茶碗、片手にスプーンを持ち、両手を使って食べることができるようになる。また、ボタンやホックを留めることもできるようになる。遊びに関しては、粘土を丸めたり長細くしたりすることができるようになるほか、閉じた円を描くことができるようになる。さらに、絵本のページを自分でめくることができるようになり、ブロック遊びもはじまる。3歳頃になると衣服の着脱ができるようになり、箸を使って食事ができるようになる。また、はさみなどの道具も使えるようになる。

(3) 身体・運動面の発達と他の発達との関連

子どもの運動面の発達には、心の発達が大きく関与する。たとえば、立つことによって視線が変わり、視界が広がることで、それまでとは異なる世界が見えてくることになる。また、移動手段の獲得によって、自分の興味・関心が向いたものに自発的にかかわることができるようになり、空間認知の発達がうながされていく。このように、運動面の発達は興味や意欲、自己効力感のほか、認知的な側面などと深く関連し、相互に影響を与え合う。また集団で行う運動や遊びの場合には、仲間との協力や協調性といった社会性にもかかわってくることになる。

「たとえば、高いところから飛び降りるという行為では、怖さを感じつつも、友だちのようにやってみたいという意欲と、できるかもしれないという自己への信頼感、そして飛び降りるという行為の見通しなどをもって行われている。こうしたことから考えると、子どもの運動発達を支援するには、運動という行為だけに注目するのではなく、その行為の背景にある動機や、その子どものもつイメージなどの認知的側面にも注目することが大切である」[2)]。

3 認知と言葉の発達

幼児期前期の認知と言葉の発達の様相、および発達を支援する大人の役割について学ぼう。

(1) 幼児期前期における認知の特徴

幼児期前期に入ると、認知の仕方は大きく変化することになる。ピアジェの発達段階では、幼児期前期は前操作期と呼ばれる段階に入る。この段階では、行為が認識の重要な道具となっていた感覚運動期から大きな変化が生じ、認識の道具が表象、つまり心のなかに形成されるイメージや概念・知識の体系に基づくようになる。しかし、乳児期までの認識のあり方から完全に自由になっているわけではなく、言語的認識へ至る過程にあるといえる。つまり、感覚運動期と具体的操作期の中間的特徴をもち、表象システムをつくり上げるのに重点がおかれる時期といえる。

前操作期に入り表象システムが形成されると、子どもは現実世界の「今」「ここ」といった時空間の制約や束縛をはじめ、あらゆるものから解放された自由な世界である心的世界を構築していくことになる。たとえば、子どもが父親の万年筆を持って「ビューン」と言いながら部屋を走り回っているのは、万年筆を飛行機に見立て、自分はそのパイロットになって遊んでいるのである。このように不在のもの（飛行機）をそれとは別の他のもの（万年筆）で表現する働きを象徴機能という。また、本物の飛行機が目の前になくても他のもので表現できる、実際にはなれないパイロットになりきることができる、ということは心的世界にそれらのイメージがあるということであり、子どもはイメージの世界で遊んでいるのである。このように、心のなかに対象や事物、行為を想定し、それらを操作することができる働きを表象作用という。表象システムの形成とともに、子どもは現実世界を生きるだけではなく、心的世界を構築し、2つの世界を生きることになるのである。

（2）遊びの発達段階

ピアジェは発達段階にそって、遊びを大きく3つの段階に分けている。第一段階は、感覚運動期に対応する感覚運動的遊びの段階で、対象への操作や「たかい、たかい」といった遊びが行われる。第二段階は、前操作期に対応する象徴遊びの段階で、たとえば、見立て遊びやごっこ遊びなどがそれに該当し、あるものを別の他のものに置き換える象徴機能を用いた遊びが展開されていく。そして、具体的操作期に入ると規則遊びの段階とされる第三段階へと移行し、子どもは鬼ごっこといったルールのある遊びを行うようになる。

見立て遊びやごっこ遊びといった象徴遊びは、子どもの遊びの典型としてとらえられており、知的な活動とみなされないことが多い。しかし、象徴遊びは、表象システムといった重要な認識機能を用いた遊びなのである。

（3）幼児期前期における言葉の発達の様相

象徴機能や表象作用といった表象システムは、言葉の獲得と発達においても重要な役割を果たしている。したがって、これらが発達しはじめる乳児期の終わりから幼児期前期にかけて、言葉は著しく発達していくことになる。

おおむね10～14か月頃に初語が現れた後しばらくは、言葉は緩やかな発達を示す。そして、1歳後半から2歳の間に急激な語の増加期に入っていく。1歳児の発話のほとんどは、一語発話の形式をとることが多い。子どもはそれを1つの語彙として用いているのではなく、叙述や要求、意図の全体を表現しているのであり、その意味で一語文と呼ばれる。たとえば、発話は「パパ」の一語だけだが、その意味は「パパの時計だ」「パパだっこして」「パパが帰ってきた」など、一語にさまざまな意味をもたせている。

2歳になる頃には二語文が現れ、二語文に習熟する2歳の中頃から、三語、四語という多語文がかなり自由な形で使用されるようになり、文型も複雑化していく。こうした発達にともない、語の品詞的性格が明確になり、統語規則や助詞などといった、文法を獲得していくことになる。

(4) 認知と言葉の発達を支援する大人の役割

幼児期前期においては、自分一人の力で文をつなぎ、一連の長い話を構成することはまだむずかしい。表2-1に示したとおり、日常生活における養育者や保育者との何気ない対話のなかで、適切なうながしや質問、応答、示唆などが加わることによって、一連の長い話を共同作業によってつくり出している。こうした「大人との対話を手掛かりに、子どもは出来事を時間的、空間的に整理したり、あるいは因果関係の認識の理解に役立てたりしている。

表2-1 子どもと保育者の対話

【月曜日の朝、子どもと保育者の対話】
子ども：きのう、おもしろかった。
保育者：そう、どこかへ行ってきたの？
子ども：動物園。
保育者：そう、それはよかったね、動物園になにがいたの？
子ども：ライオン、キリン、それからトラ、サルもいた。
保育者：なにがいちばんおもしろかったの？
子ども：サル。サルね、ブランコに乗ってた。サル、こんなかっこうして乗ってた（身振りを伴いながら）。

↓

保育者の質問等によって「きのう動物園に行き、ライオンやキリンやサルを見たが、サルがブランコに乗っていたかっこうが、いちばんおもしろかった」という一連の叙述が間接的に成立している。

出典：岡本夏木『児童心理』pp.126-127、岩波書店、1991年より作成

さらには、対話によって自身の経験に意味づけをなし、出来事を体制化していく。つまり、大人との対話によって自身の経験を構造化し、想起して語る方法を学習していると考えられている」[3)]。

また、表2-1に示した対話は、「教育的な意図をもったかかわりというよりは、子どものことをもっと知りたい、喜びを分かち合いたい、という愛情が底流をなすかかわりといえる」[4)]。このような日常生活上の何気ない対話が、子どもの言葉やコミュニケーションの発達をうながし、さらには、記憶や知識といった認知の発達をうながしていくのである。

4 対人関係の広がりと自己の発達

大人とのかかわりから仲間関係へと対人関係が広がっていく様相と、自己の発達について学ぼう。

(1) 大人とのかかわりから仲間関係へ

幼児期前期における対人関係は養育者や保育者といった大人との関係が中心になるが、同時にこの時期から仲間とのやりとりが増えはじめていくことになる。

1、2歳の仲間関係は、直接的にコミュニケートするのではなく、ともに興味をもったものをめぐっての、偶発的なやりとりが多い。子どもが相手の意図や立場を読み取れるようになると、「おもちゃを受け取る→おもちゃを渡す→また受け取る」といった役割交代遊びが可能となり、仲間との相互作用自体を楽しみとして遊ぶようになる。友だちがしていると自分も同じようにしたくなる、友だちと一緒にいると一層楽しくなる、という姿が顕著になり、隣に座っている子どもと言葉でやりとりしながら共感し合う姿も見られるようになる。「一緒にしよう」と誘ったり、隣同士に座りたがったりするようにもなる。このようにして「○○くん／○○ちゃんと遊びたい」という意図が芽生えはじめていく。しかし、「貸す」「待つ」「譲る」といった行為を言葉でやりとりしながら行うことはまだむずかしいため、物をめぐっての葛藤や軋轢(あつれき)は絶えないことになる。

子どもはこうしたやりとりを通して、徐々に相手の行動や意図に合わせて自分の行動や意図を調整することを学び、徐々に相手の行動や意図、あるいは存在そのものに直接的な関心を払う段階に移行していく。

（2）他者とのかかわりと自己の発達

仲間関係にはもう1つの重要な側面がある。それは、子どもは仲間関係の経験を通して自己理解を深め、主体そのものとしての自己を育んでいくということである。仲間関係の経験は、他者の理解ばかりではなく、他者を通しての自己理解をも促進する。他者とのかかわりのなかで新たなる自己に気づくことができ、そうした経験の繰り返しのなかで、子どもは主体としての「私」をつくっていくのである。すなわち、それは自己が発達していくということでもある。

幼児期は基本的生活習慣を確立する時期であり、しつけもはじまることになる。したがって、養育者との情動的一体化を中心とするかかわりをしてきた乳児期とは異なり、養育者との間で葛藤が生じはじめる。そして、仲間関係においても葛藤や軋轢が生じていく。このように幼児期前期に入ると、子どもは、他者と衝突するなど、自分の思いどおりにならない経験を重ねることになる。しかし、こうした経験が、子どものなかに、他者ではない「私」を浮かび上がらせることになるのである。

したがって、養育者や保育者には、たとえば、友だちと仲よくできるとか、ルールを守ることができるなどといったような態度や行動の規範形成以上に、対人関係における体験そのものの重要性を認識し、豊かな経験を積み重ねることができる環境を整備していくことが求められることになる。

さらに詳しく学ぶ

1　アタッチメントの発達

アタッチメントは、個体が自律性を獲得した後も、かたちを変え生涯を通して存続する。危急の際には助力してもらえる、という確信や安心感を絶えず抱いていられるような、相互信頼に満ちた関係性を特定対象との間に築くことは、生涯にわたって必要となる。

乳幼児期のアタッチメントは、表2-2に示したとおり、4段階を経て発達すると考えられている。発達には個人差があり、たとえば、養育者が入れ替わるなどして特定の対象との接触が乏しいときには、発達は大幅に遅れることがある。また、兄弟姉妹の誕生時や保育所入所当初のように特別なストレスがかかるときには、より未熟な段階のアタッチメント行動が再び現れたりすることもある。いわゆる赤ちゃん返りは、そうしたことの典型例である。

表2-2 ボウルビィによるアタッチメントの発達段階

第1段階 (0～1、2か月頃)	非弁別的な社会的反応性の段階 人の声や動き、顔に関心を向け、注視、微笑み、発声、泣きなどのアタッチメント行動を行う。母親など特定の養育者を他の人と区別していない。
第2段階 (2、3か月～6か月)	弁別的な社会的反応性の段階 特定の養育者に対して、他の人と区別した積極的な微笑みや発声、泣き、歓迎などのアタッチメント行動をするようになる。
第3段階 (6、7か月～1、2歳)	能動的主導性による近接と接触の段階 後追い、抱きつき、身体接触、歓迎行動を示す。特定の養育者をはっきりとアタッチメント対象と認識し、積極的なアタッチメント行動や分離不安を示す。特定の養育者以外の見慣れた親しい人も、2次的なアタッチメント対象となる。一方、1歳を過ぎる頃から養育者を拠点として一時的に離れ、周囲の世界を探索する行動が活発になる。養育者は探索行動のための安心の基地となる。
第4段階 (3歳以降)	目標修正的なパートナーシップの段階 養育者の行動の目標や計画を推測して、自分の行動を修正する。養育者が自分から離れたり、目の前にいなくなったりしても安定していられる。アタッチメント対象は内面化され、絶えず側にいなくても、必ず帰ってきてくれるという信頼に基づいたパートナーとなる。子どもは安心の基地としての養育者をイメージ表象によって内面化する(内的ワーキングモデル※の形成)。内的ワーキングモデルが形成されると、子どもは外の世界に出て、他の子どもと遊びはじめる。

※内的ワーキングモデルとは、「子どもの心の中に形成されたアタッチメント対象についてのイメージ」のこと。これは、①自分に関する主観的確心＝愛されるか、②他者に関する主観的確心＝他者は求めに応じてくれるか、こうした経験を基に形成されている。また、これがその後の対人関係の基礎的なモデルとなり、対人関係の質を規定するという説もある。

出典：矢野喜夫・落合正行『発達心理学への招待――人間発達の全体像をさぐる』サイエンス社、p.106、1991年、Bowlby, j., *Attachment and loss*, Vol.1, Attachment. Hogarth Press, 1969. (1971, Penguin Books)に基づき作成

2 モノトロピーと階層的組織化仮説の見直し

ボウルビィは、発達初期のアタッチメント関係は乳児と養育者との1対1の関係で築かれるという、モノトロピーを重要視しており、モノトロピーを

安定したアタッチメント関係の中核条件として想定している。しかも、ここでいう養育者とは、暗黙の前提として母親を想定しているといわれている。

そして、ボウルビィは、母子におけるアタッチメント関係が安定したものであれば、その後に続く保育者等との愛着関係も安定したものになり、逆に、アタッチメント関係が不安定であれば、その後に続く保育者等との愛着関係も不安定なものになる、という階層的組織化仮説を提唱している。

しかし、モノトロピーと階層的組織化仮説に対して、近年多くの研究がその反証となる結果を支持しており、これらはほぼ修正すべき事項となってきている。現代の進化生物学や文化人類学の知見によれば、人間は多くの生物のなかでも子ども期が際立って長く、養育やコストの負担が重いことがわかっている。こうしたことから考えると、母子関係だけで子どもの確実な生存や成長を保障することは極めて困難になる。そこで、子育てに父親や祖父母が参加し、さらには近隣に住む非血縁者をも広く巻き込んだ養育ネットワークを組織化したと考えられている。このように、人間は進化のプロセスのなかで、共同繁殖の性質を徐々に強めていったと考えられている。

3 社会が子どもを育てる

近年の研究では、アタッチメントの対象は母親に代表される血縁者のみに限定されるものではなく、また複数人いてもよいと考えられている。保育者はアタッチメントの対象となり得ることが示されており、大規模な縦断研究などによって親子関係の不足を補える存在であることが見出されている。さらには、保育者とのアタッチメントの質は、小学校以降の仲間や教師との関係性に影響を与え、学校的な集団状況への適応に関しては家庭よりも保育者とのアタッチメントのほうが深く影響する、といった知見も見られる[5)]。

このように、保育者との間に築かれたアタッチメント関係は子どもの発達に大きな影響を与え、家庭で築かれた不安定なアタッチメント関係を補償することが示唆されている。こうした研究知見に基づけば、保育者が一人ひとりの子どもとアタッチメント関係を築くことは、あらゆる保育活動の基礎をなすものとして重要な意味をもつといえよう。そして、こうした保育活動は、クラスや担当を超えた、施設全体における保育者間の連携によってはじめて実現されることになる。

人間の発達の特徴と進化のプロセスのなかで形成されてきた子育てのあり

様から考えると、家庭や保育施設の枠を超えて、社会が子どもを育てる、という発想と、それを実現可能にするコミュニティの再構築が求められているといえよう。

復習ワーク

1. 幼児期前期における発達の特徴をまとめてみよう。
2. 1をふまえて、どうすれば子どもの発達を支援できるか考えてみよう。
3. 子どもと信頼関係を築くために最も重要なことは何か。アタッチメントの形成過程に基づき考えてみよう。

引用文献

1）数井みゆき・遠藤利彦編著『アタッチメント——生涯にわたる絆』ミネルヴァ書房、pp.1-2、2005年

2）越智幸一編著『発達心理学』大学図書出版、p.27、2016年

3）2）に同じ、pp.36-37

4）岡本夏木『ことばと発達』（岩波新書）岩波書店、p.40、1985年

5）遠藤利彦編『入門アタッチメント理論　臨床・実践への架け橋』日本評論社、p.187、2021年

第 3 章

幼児期後期の発達の特徴と課題

この章のねらい

幼児期後期とは、一般に3歳〜小学校に上がるまで（6歳）を指す。この時期の子どもたちは、保育所、幼稚園、認定こども園等に通って集団生活を体験し、主体性や社会性を育み、身体と協調し心や思考も大きく成長する。本章では、事例と照らし合わせながら、子どもの身体の発達について説明した後、心や思考の発達を学ぶ。そして子どもの育ちを支えるために、保育者はどのような心構えが必要なのかについて考える。

この章の構成

授業までの準備 ―学生のボランティア活動報告事例―

以下は、園でのボランティア活動に参加した学生の報告事例である。

3〜4歳の子どもたちのクラスと野外遊びをするボランティアに参加した。子どもたちは、はじめて見る私に興味津々である。このくらいの年齢ともなれば、何を描いているかよくわからないけれど道路一面に絵を描いたり[a]、話して笑って何かのまねをして[b]活発に動き回ったり、気を引きたいがためのいたずらやいじわるもそれなりにできる[c]。一緒にいて楽しく、遊びに誘われるままひとしきり動き回ってふと気づいた。“あれ？　この子は身体が小さい…”[d]“お尻がモコモコ…。まだオムツをしてる？”[e]“人を押しのけて超積極的だけど他児への配慮がない”[f]“じゃんけんの指ができない”[g]“他児の気もちを代弁したりその場のルールを決めたりと、その場を仕切っている”[h]など、子どもそれぞれの発達の個人差が大きく、驚いた。

けんちゃんという子どもが「ダルマさんが転んだ」遊びをしたいと言った。気軽な気もちで遊びはじめて、すぐ慌ててしまった。オニになって「ダルマさんが〜、転んだ！」と振り返ると、懸命に身体の動きを止めようとしているけんちゃんたち[i]と、勝手に動き出しめちゃくちゃに走り回っている子どもたちとが入り乱れててんやわんや[j]だったのである。野外は危険も多いと注意を受けていたので、走り出した子どもを止めたいが、興奮していてつかまえられない。「早く、早く！　後ろ向いて！」と要求するけんちゃんの隣で、“野外で「ダルマさんが転んだ」は二度とやらない”と心に誓った。

? 考えてみよう

1. 3〜4歳くらいの子どもは、どのくらいの身体の動きができるのだろうか。これまでの経験から見たり聞いたりしたものを書き出してみよう（例：ケンケンなど）。

2. 「ダルマさんが転んだ」遊びが上手にできるようになるには、どのような力が子どものなかで育っている必要があるかを考えてみよう（例：10まで数える力、身体の動きを一時停止する力など）。

基本を学ぶ

1　身体の発達

幼児期後期に特徴的な身体面での発達について理解しよう。

発達とは、身体と心の働きの相互作用により促進される。したがって、本来的には身体と心の働きを分けてとらえないほうがよい。ただ、経験の浅い保育者の場合、子どもを観察する際に、どちらか一方に注目が偏りがちになるため、手がかりを増やす目的で、あえてここでは分けて説明していくことにする。ぜひ、“それに関連して起こるもう一方の変化は何だろう”という複合視点で学習してほしい。

（1）身体の成長

3〜4歳の子どもを思い浮かべてみよう。大人から見ればみんな小さいけれど、バランスのよい恵まれた体格の子どももいれば、ひときわ小柄な子どももいるはずである。恵まれた体格の子どもは、走りが安定しており、蹴り出すボールのコントロールもよいことが多い。しかし、事例の下線ｄのような小柄な子どもは、ちょっとぶつかっただけでヨロヨロと尻もちをついてしまう。この時期の子どもが好きな遊びに平均台があるが、台の上でダイナミックに動きながら同時に落ちないようにバランスを取るには、それに見合うだけの身体の発育が必要となる。子ども個々の身長や体重に注目しながら遊びを見守ることは、それぞれの子どもたちができることを見極め、思わぬけがを未然に防ぐことに効果がある。

厚生労働省の資料をもとに、幼児期後期の身体発育の目安を示す（表3-1）。

表3-1 幼児期後期の身体発育

年齢	平均身長（cm）	平均体重（kg）
3歳	92〜94	13前後
4歳	100〜101	15前後
5歳	105〜106	17前後
6歳	112〜113	19.5前後

資料：厚生労働省「乳幼児身体発育評価マニュアル」令和3年3月改訂版を元に作成

他の基準として、「遠城寺式・乳幼児分析的発達検査法」などの心理検査の項目を参考にしてもよい。この遠城寺式は、発達相談などでよく使われ、0歳〜4歳8か月までの子どもの発達を、運動・社会性・言語の3領域から養育者（保育者）の視点で分析できる。3〜4歳程度だと、片足で数秒立ったり、でんぐり返しをしたり、両足をそろえて前に飛んだり、ケンケンしたりすることができる頃である。これらを応用して、目の前の子どもの運動機能の発達を類推してみる。たとえば、事例の下線ｉで、子どもが身体の動きを懸命に止めようとしていたのは、動作途中で止めるとバランスが崩れるが、その不安定な体勢でも多少踏み留まることができる運動機能を手に入れつつあるから、と考えられる。

5〜6歳になると、スキップやボールをつきながら身体の別の部分を動かし、より柔軟に各部位を調整しながら運動することが可能となる。持久力もついてくるので、遠足や山登りにも挑戦できるようになる。

さらに、この時期の子どもたちの足取りを見ていると、機嫌のよいときなどは、リズムを取っている？　踊っている？　と感じるような動きをしていることがある。アメリカとスイスで活躍した乳幼児精神医学者で精神分析家のスターンが提唱した「生気感情」の概念には、人が自身の感情を声の大きさやリズムといった音楽的表現で示すことも含まれるが、それが体現されているかのようである。幼児期後期は、音楽的な身体の動きを通して情動がよく観察できるので、注意して見てみるとよい。緊張していたりうまく集中できていなかったりするとき（そわそわ小刻みに揺れるなど）、甘えているとき（耳元で内緒話をする、タコのように身体をくねらせるなど）などに、保育者が子どもの感情に気づく指標となる。

(2) 手指の発達

幼児期後期は、手指の動きが飛躍的に発達する。事例の下線gのように3歳頃はまだできなくても、手指は動かせば動かすほど微妙で繊細なことが可能になってくるので、年齢が上がり経験を重ねるとより複雑な動きができるようになる（折り紙やぬり絵、はさみ、のり、セロハンテープなどの使い方も上達する）。また、5歳頃には利き手も安定し、両手を協応させる動作（紐を結ぶなど）も可能となってくる。

(3) 環境の影響

環境の影響により、子どもの育ちが大きく阻害されることがある。2011（平成23）年に起きた東日本大震災で、原発事故を経験した福島では、長らく子どもたちは外遊びや砂遊び、野菜栽培など自然とのふれあいができなかった。保育者は少しでも子どもたちが安全に過ごせるように、遊具の除染を毎日行ったり、葉や石を洗って使い回したりするなど、できる限りの工夫をしていた。しかし、室内だけで行う保育には限界もあり、言われたことには従うが自分から進んで何かをすることができなかったり、遊びに集中できなかったり、無気力になったりする子どもが多く見られたと報告されている。

また、2020（令和2）年頃からの新型コロナウイルス感染症（COVID-19）の大流行では、マスクで顔を半分隠した生活をしているため、地面視野領域の変化によってまっすぐ走れず、すぐに転んだり、相手の表情を読み取ることができなくてオロオロしたり、奇声をあげたり（パニックになるとギャーと叫ぶ）する子どもの姿が、現場の声としてあがってきた。

このように子どもの育ちは、私たちが思う以上に環境の変化に敏感で、大きな影響を受けてしまう。生活環境が大きく変わるような出来事があった際には、子どもの育ちへも目を向け、変化にともなう悪影響を少しでも食い止められるような臨機応変さと工夫が保育者に求められる。

2 心の発達

幼児期後期に特徴的な心の発達について理解しよう。

(1) 主体性の形成と社会化、言葉の発達

幼児期後期は、事例の下線 e のように個人差は見られるものの、徐々に食事、排泄、手洗い、衣類の着脱など、保育者の多少の援助があれば基本的生活習慣が自立してくる時期である。子どもはより自由に活発に動けるようになり、“自分はさまざまなことができる”という素朴な自信をもつようになる。そして“自分はこうしたい・こうする”といった行動意図をもった一人の人間としての主体性を形成していく。

しかし現実の遊びのなかで、事例の下線 f のように自分の要求ばかり押し通していたのでは、友だちとケンカになり行き詰まってしまう。パーテンは、子どもの遊びが「何もしていない」からスタートし、「ひとり遊び」「傍観的行動」「平行遊び」「連合遊び」「協同遊び」の順に形態が変化していくことを見出した（表3-2）。4～5歳児では、他の子どもと一緒に何かをする

表3-2 遊びの発達

何もしていない	特定の何かで遊ぶというのではなく、興味のあるものを眺めていたり、じっと立っていたりする。
ひとり遊び	他の子どもが近くにいてもかかわろうとしないで、自分の好きなおもちゃを使って一人で遊んでいる。
傍観的行動	他の子どもの遊びをじっと見て、話しかけたりはするが、遊びに加わろうとはしない。
平行遊び	近くの子どもと似たような遊びをする。他の子どものまねをしたりはするが、別々に遊んでいる。
連合遊び	他の子どもとコミュニケーションを取り、おもちゃの貸し借りなどもしているが、作業に分担はなく、組織的な動きも見られない状態。
協同遊び	他の子どもとかかわりながら、一緒に物をつくったり、ゲーム遊びをしたりする。リーダーがいて、組織的な動きが見られる状態。

連合遊びや協同遊びが多くなるため、相手の気持ちに配慮したり（自己抑制）、自分の気持ちを優先したり（自己主張）しながら子ども同士ぶつかり合って、みんながだいたい納得いくような遊び方のルール（順番にやる、じゃんけんで負けたら道を譲るなど）を覚え、社会とともにある自分を意識できる（社会化）ようになっていく。

また、人とのかかわりが増えるということは、事例の下線 h のように、言葉を使って相手の気もちを想像したり、自分の考えを表現したりすることが重要になってくる。カナダに生まれ、アメリカで活躍している言語学者・認知心理学者のピンカーによれば、子どもは2歳半ばから3歳頃、急激に母国語の基本的な文法構造を理解しはじめ（ダムの決壊期）、簡単な会話的やりとりができるようになる。そして4歳が近づく頃には、過去に自分がつくったものや体験したことを、自伝的に他者に話せるようになる。さらに年齢が進むと、言葉を使って仲間に遊びを説明したり、「これは何？」「どうしてこうなっているの？」と大人が答えに窮するような質問をしたりして、言葉が子どもの生活をけん引するようになる（多弁（おしゃべり）期）。

事例で3～4歳の子どもたちがやっていた「ダルマさんが転んだ」は、オニ役がふり返ったときだけ動いてはいけないなど、細かいルールが決まっている協同遊びである。何となく遊び方を知っている子どもたちは、オニの動作に合わせて身体の動きを止めることができていた。しかし、仲間に言葉を使って遊びを教えるところまではできなかったので、やっと連合遊びの鬼ごっこができる程度の事例の下線 j の子どもたちは、ただ逃げ回ればよいと思って走り回っていたのである。子どもたちが言葉で遊びを教え合えるようになると、より一層発達が進むのである。

（2）認知世界の広がり

思考の発達を体系化したピアジェ（1920年代～）によれば、幼児期後期は、言葉の獲得によってうながされた表象的思考段階（2歳以降）の、前操作期（2～7歳頃）に相当する（第1章参照）。ピアジェは、頭のなかにさまざまな物事が整理されて収まり、思考の働きだけでいろいろなことを考えられるようになる状態を「操作」と名づけ、前操作期はその状態がまだ成立していないため、思考に偏りや間違いが見られる段階ととらえた。前操作期の特徴としては、自己中心性、直観的思考、アニミズム的思考があげられる。

表象とは、目の前にないものを思い浮かべる心の働きである。幼児に「石鹸って、どんなもの？」と尋ねると、自分が以前使ったことのある石鹸の形や色、泡が立つ性質などを頭に思い描く。それを他者と共有していくために、今度はそのイメージを別の言葉やしぐさなどに置き換えていかなければならない。この働きをピアジェは象徴機能と呼び、子どもたちは「白くて、（手を握って身体をこするまねをして）ブクブクって泡がでて…」と返事をする。そのように表象的思考段階に入ると、目の前にないものをイメージして、見立てや空想ができるようになる。この発達により、イメージを使った見立て遊び（ブロックを電車に見立てる）などができるようになる。ただし事例の下線ｂのように、前操作期に入ったばかりの頃は、象徴機能が追いついていないため何をまねているのか他者と共有できないことがある。さらに発達が進むと、子ども同士で役割を決めて、それぞれが別の存在になりきるごっこ遊び（家族ごっこなど）ができるようになる。

幼児期後期の子どもは、自分の現在の立場からの見方、理解、感じ方にとらわれる傾向が強く、他の人が自分とは異なる視点をもっているということがよく認識できていない。これを自己中心性と呼ぶ。3歳くらいの子どもを観察していると、よく遊びの場面でひとり言をしゃべっている。ピアジェはこれを「自己中心語」と呼び、自己中心的思考に付随する現象ととらえ、脱中心化が進むと消えていくと考えた。これに対してヴィゴツキーは、他者とコミュニケーションをするために展開してきた言葉を「外言」、その後自分が自分自身と対話するために使われるようになった言葉を「内言」とし、獲得しはじめた内言がひとり言として表出されるととらえた。そして、この言葉の働きこそが思考へと発展し、行動を制御する力になると考えた。

前操作期のもう1つの特徴である直観的思考とは、知覚的に目立つ特徴に注目がいき、その内容に思考が引っ張られて論理的誤りを引き起こすことである。ピアジェが重視した保存の理解（事物の性質は、本質が変わるような変化が起こらない限り同じであること）では、たとえば底が広いコップと狭いコップがあるとして、同じだけ水が入っていることを示しても、前操作期の子どもは狭いコップの見た目の高さに引っ張られて、狭いコップのほうがたくさん入っていると考えてしまう（p.12図1-3参照）。それ以外にも、大きく散らばった積み木と散らばりが小さい積み木とでは、同じ数であっても大きく散らばっているほうが積み木はたくさんあると思ってしまう、などがある。

さらに、アニミズム的思考とは、無生物であっても物はすべて生きていて、意識のある存在ととらえることである。保育者がよく、子どもが乱暴に物を扱うことをいさめるために「投げたりしたら○○が泣いちゃうよ」と声をかけることがあるが、これは幼児期後期の子どもにはそれなりに効果がある注意方法なのである。しかし前操作期が終わる頃には、子ども自身が無生物に意識はないと気がついているので、「○○は泣かないよ」と反論するようになる。それもまた成長の証の1つとして理解することができる。

このように、幼児期後期は子どもの認知世界が急速に広がる時期であり、

表3-3 描画の発達

形態の変化	年齢	特徴	例
なぐり描きの時期	1〜3歳頃	・点や短い線をたたくように描く。 ・なめらかな線も描けるようになる。	
命名期	2歳頃から	・丸や渦巻き、角の形が現れ、それに後から意味づけをする。 ・円、四角などを組み合わせて、人を表現できるようになる。	
前図式期（カタログ期）	3歳頃から	・物と物の間の空間的な相互関係を意識していない。 ・頭のなかに浮かぶイメージのままに羅列的に描く。 ・ばらまき画ともいわれる。	
図式期	4〜8歳頃	・空間的秩序が形成される。 ・地面を表す基底線を描く。 ・絵に全体的な秩序が生まれてくる。	

実生活における豊かな体験と腕や手指の機能の発達などが相まって、絵の表現も大きく変化する。ローウェンフェルドの子どもの描画発達段階説を土台に発展したその後の研究によると、子どもは1歳頃から鉛筆に興味をもって短い線や点を描きはじめ（なぐり描きの時期）、2歳頃になると丸や渦巻き、角が出現して少しまとまった絵らしきものに展開してくる。ただし、この時期の子どもは何かを描こうという明確な目的をもっていないことが多いので、できたものに何であるか後から意味づけを行うなどする（命名期）。その傾向は次の段階でも見られるが、事例の下線ａのように、より自分の心のなかにある好きなものを描きたいという気もちが強くなり、一心不乱にいろいろなものをたくさん描き、描いたものを「ママ」「ジャガイモ」「〇〇ライダー」などと意味づけし、気に入ったものは何度も描き直してどんどん上手に描けるようになる。あるいは長期間何を描いたか覚えていて、「これは〇〇だよ」と見せにくることもできるようになる（前図式期）。そして4歳半～就学前頃には、空間に秩序が生まれ、描かれた内容も何か統一されたテーマでまとまりをもつような絵の表現ができるようになってくる（図式期へ）。各段階の具体的な形態例を表3-3に示した。

さらに詳しく学ぶ

1 「うそをつく力」

事例の下線ｃの子どもたちは、気を引きたいがためのいたずらやいじわるをしていた。いたずらもいじわるもそれをしようと思うと、仕掛ける相手（他者）の考えがある程度、推測できる必要がある。“相手はきっとこう考えるだろうから、自分はその裏をかいてこうする”という、より高度な思考がなければ行為が成立しないからである。このように、相手の考えについて判断ができることを心の理論という。

心の理論が獲得されるのは、日本人では4～5歳頃といわれており、4歳以上との報告がある欧米より少し遅い。心の理論は、うそをつく行動と密接に関連しており、うそをついたりつかれたりというような心の認識に関する多様な経験が積み重なって、帰納的に獲得される。

子どものうそは、保育現場では、単純なものだと2歳半頃から観察される。いろいろと話せるようになった子どもたちは、他者とのコミュニケーションをより楽しくするために、あるいはとっさに叱られるのを避けるためにうそをつくようになる。頻出パターンとしては、話を盛る（例：ダンゴムシ100匹捕まえたよ！）や、自分を守るためのうそ（例：（順番抜かしをとがめられると）抜かしてないよ！　と言う）などがある。これはその場の状況に子どもが思わず応答した結果で、相手の考えを判断している要素は少なく、心の理論が必ずしも成立していなくともつけるうそと推測できる。

しかし、さらに発達が進むと、他者の考えを想像して、より自分に有利な状況をつくり出すためのうそがつけるようになる。保育現場でよく見られるパターンとしては、自分を守るために他児に罪をなすりつけるうそ（例：（自分がやったよくないことを）○○ちゃんのせいだよ！　と言う）がある。これは自己防衛的うそといわれるもので、自分がやった行為を、相手は誰がやったか知らない、という他者の視点をわかっていなければならない。したがって、心の理論が成立しなければうまくつけないうそということになる。

子どもがうそをつくことは教育上よいことではないが、上手にうそがつけるようになることそのものには、他者の視点を取り入れた物事の理解という驚くべき発達が深くかかわっている。それはいずれ、他者の気もちに寄り添うといった人として大切な共感能力や対人コミュニケーション能力へとつながっていくであろう。子どもが手に入れた「うそをつく力」を、うそ以外のものに応用していけるような保育上のかかわりが期待される。

2　子どもの育ちのとらえ方

ここまで、冒頭の事例と照らし合わせながら、幼児期後期の発達をさまざまな角度から見てきた。最後に、保育者としてどのように子どもの育ちを支えるのか、その姿勢や立ち位置について述べておくことにする。

前項で紹介したピアジェは、健常な子どもがどのようにして育つのか、非常に精巧な理論体系を構築した。これらは子どもが、思考（知能）という点からまだできていないことを明らかにし、私たち大人が住む社会へ段階的に適応していく様を、一般的に説明するのにとても役立つ。もちろんそれは絶対ではなく、後に別の研究者によって考え直されてもいる。たとえば、シーグラーは、思考とは情報処理（ここではものを考える枠組みやパターンと理解する）であるという観点から、発達するのは情報処理の方略で、子どもの理解にはその発達段階ごとによく使われる問題解決のルールがあると考えた。

しかし保育現場には、健常な子どもだけがいるのではない。障害をもった子どももいる。わかりやすい例として、脳性まひで身体がうまく動かせない子どもがいるとしよう。ハイハイも座位もうまくできないから歩けないかというと、実はそうでもない。時間がかかったりトレーニングが必要だったりはするが、ある日、歩き出すこともある。ある時期の子どもの発達は、次の発達へ進むための条件にはなるが、それがなければ次へは進めないというほど厳密なものではない。ピアジェのように子どもの育ちを一本の筋としてとらえすぎると、そこに沿ってこない発達と向き合うことがむずかしくなる。

フランスの精神医学者・発達心理学者であるワロンは、健常児の発達をものさしにして障害児を分析する方法をとらず、障害児の障害の様相を読み解くことから人の育ちをとらえようとした。実際、順調に成長する子どもは、あまりにもさりげなくさまざまな力を獲得していってしまうので、それが何によって成り立っているのかわかりにくい。一方、障害をもった子どもは、できる・できないがはっきりしていて発達状況が手に取るようにわかる。

もって生まれた能力には個人差がつきものである。しかし、保育する側がそのことで勝手に限界をつくることは許されない。その子どもなりの成長のステップがおぼろげながらでも見えてきたら、それに合わせつつ育ちを支えることが望まれるのである。

復習ワーク

1. 幼児期後期の子どもの身体の発達についてまとめてみよう。
2. 幼児期後期の子どもの認知世界の広がりについてまとめてみよう。

第4章

児童期の発達の特徴と課題

この章のねらい

小学生にあたる時期を児童期という。小学校に入ると、仲間や家族以外の大人との関係が広がり、新たな人間関係のなかで子どもは社会に適応していくための学習や経験を重ねていく。本章では、小学校入学をきっかけに生じる子どもの内面的変化や、子育てを取り巻く新たな課題について考える。

この章の構成

授業までの準備 ―児童期の子どもの居場所―

以下は、とある大学の心理学ゼミにて、小学生の頃、夏休みをどのように過ごしていたかについて話し合っている場面である。

あい　：朝はラジオ体操に行って、今日はどんな遊びをするか友だちと決めていたよね。

なごむ：そうそう、今日はサッカーだ、いや野球だってケンカしたりして。

としき：マンションのそばの公園で「ボール遊びをするな！」って大人に怒られたのを思い出した…。

なごむ：え？　公園なのにボールで遊んじゃいけないの？

あい　：今はそういう公園も多いらしいよ。近所迷惑だからって。

としき：だから、家の中でおとなしくゲームしていたら「これだからイマドキの子は！」って言われるんだぜ。どうしろっていうんだよ。

かおり：私は中学受験のために夏休みは毎日、塾に通っていたから、友だちと遊んだ記憶がないな。

あい　：えー、友だちと遊べないって寂しくなかった？

かおり：勉強の合間に、スマホで顔も知らない人とチャットしてた。親に見つからないようにこっそりと。でも「直接会おう」って何度も言われるようになって…。

なごむ：えー⁉　それで？　会ったの？

かおり：ううん、怖くなってチャットアプリを削除しちゃった。

あい　：ふー。何事もなくてよかったね。

? 考えてみよう

1 あなたが小学生の頃、どのような遊びに夢中になっていたか、どのような場所でよく遊んでいたか思い出してみよう。

2 あなたが小学校の先生になったとして、子どもたちに学んでほしいのはどのようなことだろうか。理由も合わせて考えてみよう。

基本を学ぶ

1　学校生活のはじまり

児童期を迎え、小学校に入学すると、どのような変化が待っているのかを理解しよう。

（1）学校という文化への適応

保育者による個別のかかわりが多く、遊びと生活が中心である保育所や幼稚園、認定こども園とは異なり、小学校では教師の一斉指導のもとでの教科の学習が中心であり、決められた時間割に合わせて行動することが求められる。したがって、小学校入学は、子どもにとって大きな環境変化であるといえる。なかには、集団活動を経験するのがはじめてという子どももいるだろう。また、幼児期の教育は、遊びを通した総合的な指導であり、「到達点に達したかどうか」は評価しないが、小学校以降の教育は、カリキュラムに即して具体的な目標への到達が重視されるという違いもあり、児童期を迎えた子どもは学校という新しい文化への適応をうながされる。

エリクソンの発達理論によると、児童期の発達課題は「勤勉性」と「劣等感」との間の対立の解決である。学校という場では、継続的な努力によって学習習慣を身につけ、知識を蓄えていくことが求められる。学習面だけでなく、友人関係や学級活動など学校生活にかかわる場面でも、根気強く課題に取り組み、役割責任を果たすことを通して勤勉性を獲得するが、どこかでつまずいてしまった場合は劣等感を抱くことになる。こうして勤勉性と劣等感がせめぎ合うことになるのであるが、それは「危機」であると同時に、その後どうなるかが分かれる「分岐点」「山場」でもある。この危機を乗り越えることによって、子どもは「有能感」を獲得していくのである。

（2）小1プロブレムと幼保小連携

学校生活になじむことができず、授業中に教室内を立ち歩く、授業に集中できないなど、落ち着かない状態が入学後数か月経っても続く現象を小1プロブレムと呼ぶ。小1プロブレムの主な原因は、保育所・幼稚園等と小学校との指導方法や指導内容のギャップにあるといわれる。また、発達障害のある子どもの困り感に教師が気づかず、適切な対応ができていないという可能性もあるため、原因をていねいに見ていく必要がある。

保育所・幼稚園等から小学校への移行を支援するため、自治体では幼保小連携が進められている。文部科学省による「幼児教育実態調査」(令和3年度)によると、7割以上の自治体で、保育所・幼稚園等と小学校の間の交流が行われている。交流の内容は、情報交換、相互訪問、合同行事の実施などさまざまである。また、年長クラスの活動に就学に向けた準備を取り入れて、小学校生活に早く慣れるようにと工夫する保育所・幼稚園等もある。

佐伯(2003)によると、幼保小連携がめざすところは、小学校以降の学習を先取りすることではなく、幼児期に芽生えた「学ぶ力」を子どものなかに根づかせることである。遊びのなかでおもしろいと思ったことをとことん追究したり、成功するまで何度も挑戦したりといった姿勢を教科の学習につなぐ架け橋プログラムの開発が文部科学省主導で進められており、子どもにかかわるすべての関係者が立場を越えて連携・協働することが求められている。

2 仲間関係の発達

児童期の子どもにとって、友人とはどのような存在なのか、考えてみよう。

(1) 学級集団への適応

「このクラスにいると落ち着く」「このクラスでは自分の目標に向かってがんばることができる」といった学級への適応感をもつのに重要なのが、友人との親密な関係である(江村・大久保、2012)。松永(2017)によると、児童期前期の子どもは、一緒に遊んで楽しいと思える存在を友人としてとらえる傾向があるが、やがて、助けてくれたり、励ましてくれたりする相手を友人とみなすようになり、児童期後期になると、心理的なよりどころとして、友人との内面的な関係を重視するようになる。友人と一緒に過ごす時間が長くなり、親や教師など周囲の大人よりも友人からの評価のほうが大きな意味をもちはじめる。

友人との関係は対等であるぶん、意見の対立や葛藤が生じやすく、子ども自身の力で乗り越えていくことが課題となる。友人関係のつまずきから、仲間はずれや無視といったいじめに発展したり、不登校に至ったりすることもある。また、クラスの誰からも好かれ、保護者や教師からも「いい子」に見える子どもが、実は過剰適応で、無理をして周りに合わせていたという場合もある。幼児期であれば、大人の助けを借りて問題を解決してもらうところであっても、児童期になると、仲間のなかでの問題を大人には打ち明けないことがしばしばある。もし、自分たちのことを教師に告げ口したりすると、仲間から非難を浴びることすらある。

（2）ギャング集団

ギャングと聞くと、暴力的な集団を思い浮かべるかもしれないが、そうではない。ギャング集団とは、小学校中学年から高学年にかけて見られる特殊な仲間集団のことで、表4-1のような特色を有する。ギャング集団を形成する時期はギャングエイジと呼ばれる。

児童期にギャング集団による活動を経験することは、子どもの発達において大きな意味をもつ。これまでの完全な大人依存のなかでは育たない社会性が、対等な対人関係のなかで育つのである（小石、1995）。集団内で役割を担い、その責任を果たす経験や、大人から独立して何かをやり遂げる経験、集団の規則を守るだけでなく自分たちで話し合いながらルールを変えて

表4-1　ギャング集団の特徴

①同性ばかりで構成された集団である。
②人数はだいたい5～8名であることが多い。
③それ以前の年齢段階の集団に比べて高度に組織化されている。
④親や教師など成人の目を避け、その干渉を逃れようとし、仲間内だけの秘密の場所をもつ。
⑤共有財産をもち、仲間内だけに適用する隠語や約束・ルールをつくり、それを固く守ろうとする。所属への誇りや集団への忠誠心が存在する。
⑥仲間以外に対しては、閉鎖的、排他的、抵抗的であり、ときに他の集団との競争などが生じる。
⑦集団内に固有の価値・文化体系をもつが、その価値・文化は大人の既成文化に対立することが少なくないため、単独ではしないような非行、さらには暴力や破壊的行動を取ることがある。

出典：小石寛文編『人間関係の発達心理学 3　児童期の人間関係』培風館、p.54、1995年より作成

いく経験などが、子どもの自尊心を高め、社会性の獲得につながる。集団に所属したいという思いが仲間の期待に応えるための努力につながり、ケンカの際にも相手を傷つけない程度に攻撃を調整するといったスキルが磨かれる。また、適切な行動を自ら選ぶ判断力や、他者の置かれている立場を想像し共感的に理解する力は、道徳性の発達にも深くかかわっている。

3 認知と自己理解の発達

児童期の子どもは「自分」をどのようにとらえているのか、理解しよう。

（1）認知機能の発達と教科の学習

ピアジェの認知発達理論によると、児童期は具体的操作期にあたる。具体的操作期では、実際に見たり聞いたりする事物について論理的な思考ができるようになる。1つの視点にとらわれがちであった前操作期の自己中心性から脱却し、事物の見かけが変わっても、本質は変わらないことが理解できる。ただし、抽象的な思考は未熟で、目の前に具体的な事物がなければ操作するのはむずかしい。小学校低学年の算数の学習で、おはじきや積み木などの算数セットが用いられるのはこのためである。

知的な発達が進む一方で、小学3年生頃になると授業についていけない子どもが現れはじめ、学力の個人差が目立つようになる。これを「9歳の壁」もしくは「10歳の壁」と呼んでいる。たとえば国語は話し言葉中心の学習から書き言葉中心の学習に移行し、算数は九九から2桁のかけ算や小数、分数の計算に発展するなど、教科の内容に抽象的な思考力を要する事柄が含まれるようになるのが原因といわれる。

学習のつまずきを乗り越えるには、「理解できていること」と「理解できていないこと」を区別するメタ認知の働きが重要である。三宮（2018）によると、メタ認知とは「認知についての認知」のことで、自分自身や他者の行う認知活動を意識化してもう一段上からとらえることを指す。「ここまではわかるが、ここから先はわからない」ことに気づくことができれば、「わかるところからはじめよう」「わからないところは先生に聞こう」といった方略をとりやすくなる。メタ認知は小学校中学年頃に発達するといわれており、教師には子どものメタ認知を育てるような問いかけやサポートが求められる。

(2) 児童期の自己理解

学校生活の満足度について7か国の若者に聞いた調査[1)]によると、日本の若者が「満足」もしくは「どちらかといえば満足」と答えた割合は65.2%であった。満足している割合が70%を超えている諸外国と比べると、日本の若者の学校生活への満足度はやや低いといえる。学校生活への満足度は自分自身に対する肯定的な感情と関連しており、学校生活に満足していない人は、自尊感情が低く、自分には長所があると感じる割合が低いという。日本の子どもの自尊感情が諸外国に比べて低いことは十数年前から指摘されており、それは学校教育の課題と考えられてきた。

児童期に友人とのかかわりが活発になってくると、他者と自分を比べる社会的比較の機会が増え、「自分は走るのは苦手だが勉強は得意だ」というように、自分を客観的に見ることができるようになる。認知機能の発達もともなって、自分の持ち味は何か、自分にはどのようなことができるのかなどを考えるようになり、自己理解が進む。学業成績もまた自己評価に影響する。自己理解が進む過程で、自己評価や自尊感情が低くなる子どももいる。この時期の子どもとかかわる教師や保護者は、一人ひとりの子どもの長所を見つけて伸ばすこと、過度に他者と比較するような環境をつくらないよう配慮することが重要である。

さらに詳しく学ぶ

1 コールバーグによる道徳性の発達段階

道徳性とは、一般的にその社会や文化で受け入れられている規範などに従って行動しようとする意識であり、他者への配慮や思いやりをもった行動が主体的にできる状態をいう(小石、2007)。ピアジェは、幼児期から児童期の子どもを対象に研究を行い、子どもの年齢が上がるにつれて、結果論的判断から動機論的判断に移行するとした。

ピアジェの考え方を発展させたコールバーグは、青年期以降に対象を拡げた。道徳的ジレンマ場面（たとえば、お金が不足して薬が買えないが、その薬で妻の命が救える場合に薬を盗みに入るかどうか）を設定し、調査対象者に行動選択判断と理由を回答するよう求め、道徳性の発達段階を3水準6段階に分けて示した。表4-2に示すように、人間の道徳的判断は、自分本位の考え方から社会の規則や常識に従った考え方へと発達し、さらに良心や倫理観に従った考え方に至るとされる。ただし、すべての人が最終段階まで到達するとは限らない。何が正しいのかを判断することは大人でもむずかしいことである。だからこそ、児童期に友人とともに学んだり遊んだりする経験を通して、社会生活における規範を内面化し、適切な判断力を身につけていくことが重要なのである。

表4-2 コールバーグの道徳性発達段階

段階	解説と「葛藤場面での判断の理由（例）」
<水準1：前慣習の水準>	
Ⅰ	他律的道徳性指向：罰や制裁を受けることを回避し、権威に対して自己中心的に服従する。 「薬を盗んだら警察に捕まるから、盗んだことは悪い」
Ⅱ	単純な道具的快楽指向：報酬や利益を求める、素朴な利己主義のために規則や法に従う。 「法に従っても彼が得るものは何もないし、薬屋になにか恩恵を受けたこともないから盗んでもよい」
<水準2：慣習の水準>	
Ⅲ	よい子指向：他者からの承認を求め、他者に同調する。 「盗みは人からよく思われないが、妻の命を助けるために盗んだのだから正しいと思う」
Ⅳ	規則至上指向：正しいか間違っているかは家族や友人によってではなく社会によって決められる。法は社会秩序を保つために必要である。 「盗みは法を犯すことであり、法で定められていることを破ると社会の秩序が乱れるのでよくない」
<水準3：脱慣習の水準>	
Ⅴ	社会的・契約的法律指向：基本的権利、かつ社会における合法的契約は守らなければならないが、合意によって変更可能である。 「生命を救うために彼が薬を盗んだのは正しい行為である」
Ⅵ	普遍的な倫理的原理指向：すべての人間に普遍的な良心や原理に基づいて相互尊厳や信頼関係を維持していくことが必要である。 「生命の尊さは、法よりも優る」

出典：小石寛文編著『子どもの発達と心理』八千代出版、p.15、2007年より作成

2 ギャング集団の減少

現代の子どもを取り巻く状況として、三間（時間・空間・仲間）の減少が指摘されて久しい。都市化、少子高齢化、進学率の上昇などにより、子ども同士で思いっきり遊ぶことができる場所や時間、そして仲間を見つけることがむずかしくなっている。地縁的共同体の機能が弱まったことで祭りや清掃などの地域行事が減少していること、子育ての責任が親に偏っている結果として親子関係が密になっていることもまた原因となって、児童期にギャング集団を形成し、仲間とともに外で遊ぶ経験をする子どもが減少している。

ギャング集団の減少は、社会性を身につける機会の減少につながると考えられている。現代の仲間関係のあり方として、仲間を限定する傾向や欲求に応じて仲間を選ぶ傾向、煩わしい仲間関係は避ける傾向など仲間関係の希薄化が指摘されている（久木山、2007）。放課後や週末等に子どもが安心して活動できる場所を確保するなど環境面からのサポートと、仲間と一緒に遊ぶ動機づけを育むことが今後の課題である。

3 小1の壁

小1の壁とは、子どもが小学校に通いはじめたときに、保育所に預けていたときにはできていた仕事と子育ての両立がむずかしくなることを指し、慣用的に使われるようになった言葉である。「小1プロブレム」が小学校への適応という子どもの心理的問題であるのに対し、小1の壁は保護者の子育てにまつわる社会的問題である。保育所には、早朝保育や延長保育があり、通勤時間や労働時間が長い保護者にとって大きな助けになっている。しかし、小学校の下校時刻は14～15時が一般的であり、小学校に入学したばかりの子どもが自分で家の鍵を開け、保護者が帰宅するまで1人で留守番できるのか、さらに1か月以上続く夏休みはどう過ごせばよいのか、働く保護者は頭を悩ませることになる。

そうした問題に対応するのが、いわゆる学童保育である。厚生労働省が2022（令和4）年に発表した「放課後児童クラブの実施状況調査結果」[2)]によると、登録児童数は139万人を超え、過去最高を更新した。これにともなって、活動の規模や職員数も増加しているが、首都圏を中心に学童保育を利用したくてもできない待機児童数も増加している。そもそも学童保育の運営時間は保育所より短い一方で、時短勤務は「子どもが小学校に入学するまで認める」と定めている企業もあり、子どもの小学校入学をきっかけに、勤務時間の調整に悩み、退職を選ぶ保護者もいるのが現状である。

個性化の時期と呼ばれ、養育者による個別のかかわりが中心の幼児期に対して、児童期は社会化の時期と呼ばれ、他者とのかかわりや集団活動の経験を通してこの社会のなかで適応していくための行動や態度、考え方などを獲得していく時期である。道徳性を含む社会性の発達には、子どもが能動的にこの社会に働きかけることを通して社会的行動を学習し、他者との協働や葛藤を乗り越える経験が必要である。家庭、学校、地域、公的機関が連携して子どもを見守り、社会全体で発達を支えていくネットワークづくりが求められている。

復習ワーク

1. 保育所・幼稚園等と小学校との違いをまとめてみよう。
2. 仲間との活動を経験することによって、どのような力が発達するのかまとめてみよう。
3. 児童期の子育ての課題をまとめてみよう。

引用文献

1）内閣府「我が国と諸外国の若者の意識に関する調査（平成30年度）」2019年
2）厚生労働省「令和4年 放課後児童健全育成事業（放課後児童クラブ）の実施状況」2022年

第 5 章
青年期の発達の特徴と課題

この章のねらい

青年期は児童期と成人期の間に位置づけられているが、その年齢範囲を明確に示すことはむずかしく、おおよそ12、13歳～25、26歳を指す。青年期に入る頃、自分自身を見つめ、「自分とは何か」ということを真剣に考えるようになり、将来について考えるようになる。本章では、青年期の発達における重要なテーマ（主題）であるアイデンティティの形成・発達について学ぶ。

この章の構成

授業までの準備 ―自分探し―

以下は、大学生4人の会話である。

あおい：「つい最近入学したばっかりだと思っていたら、あっという間に1年が経つよね。先週、就職についてのセミナーがあったけど、みんなどんなところに就職するんだろうね」

つかさ：「将来は幼稚園の先生になりたいけど、本当にこれでいいのか自信がなくなってきた。周りの友だちは資格をとって教育関係の企業に就職するとか言っているしなあ」

すばる：「そうなんだ。いろんな進路があるしね。でも、自分は小さい頃から将来の夢は保育園の先生って思っていたから、やっぱり保育園の先生に絶対になりたいと思ってるんだ」

ふうか：「将来のこと、ちゃんと考えているんだ。私なんて何も考えてないよ。子どもが好きというだけで…。将来のこともいろいろ考えなきゃいけないって思っているけど、自分の本当にしたいことがわからなくなってきたんだよね」

あおい：「確かにいざ将来のことを決めるとなると不安になるよね。私、もう一度これまでの人生をふり返ってみようと思うの。自分がどんなことに興味があって、どんなことをこれまでしてきたのかをしっかりふり返ってみて、もう一度、将来の進路を考えようかな」

? 考えてみよう

1 事例を読んで、あなたの将来の進路について考えてみよう。

2 幼児期、小学生、中学生、高校生の頃をふり返ってみて、将来何になりたかったかを思い出して書いてみよう。

基本を学ぶ

1 青年期の心理的な特徴

青年期の心理的な特徴について学ぼう。

青年期（adolescence）は、児童期から成人期への移行段階であり、成人期になるまでの中学生頃から20歳代半ば頃までの時期を指す。「青年期は『もう子どもではないが、まだ大人でもない』という時期」であることから、レヴィンは境界人（marginal man）と呼んだ[1)]。この時期、青年はさまざまな心身の変化を経験する。第二次性徴や思春期スパートによる身体的変化が活発な時期であるが、時として身体的変化に心が追いつかないこともある。また認知的な側面では、青年期はピアジェの述べる形式的操作期の段階にあり、この時期、青年は認知面においても著しく発達し、抽象的な思考や高度な推論が可能になり、自身の社会的認識や自己認識にも変化が生じる。

青年は自分自身を客観的にとらえることが可能となり、自分の将来の進路についても深く考えるようになる。つまり「自分とは何か？」といった自分探しの時期でもあり、アイデンティティの探求の時期である。エリクソンは、青年期を心理社会的モラトリアム（社会的責任を一時的に猶予する期間）として位置づけ、その間に自由な役割実験を行い、自分に合った適所を見つけることができる時期とした。青年は、将来の進路の選択や決定に不安や迷いを抱きながらアイデンティティを確立させていこうとするのである。

2 エリクソンの心理・社会的発達論

エリクソンの漸成発達理論の図式について学ぼう。

アイデンティティ（自我同一性）という概念は、エリクソンが提唱したものであり、簡単にいえば、「自分が自分である」という感覚に近いものである。アイデンティティの感覚には、これが自分だという一貫したまとまりのある存在であるという「斉一性」と、それが過去・現在・未来につながりをもち、しっかりと人生を歩んでいくのだという「連続性」がある。そして自身にとって重要な特徴を他者と共有し、また他者から認めてもらうことで、「これでいいのだ」という自信を積み重ねアイデンティティの感覚を形成する。エリクソンは、人間の自我発達を8つの段階に分け、各段階においてその時期に中心となる葛藤となる心理・社会的危機が生じると考え、漸成（ぜんせい）発達理論図式（エピジェネティック図式）を示した（図5-1）。この図式では対角線上（太枠で囲まれた部分）に、重要なテーマ（主題）がある。それぞれの段階において生じる危機は、心理・社会的なものであり、人は所属する社会や人と人との相互作用のなかでそれを経験し、克服しようとするのである。図の一番下の行の用語は、それぞれの心理社会的危機によって獲得される人間的な強さ（virtue）を意味する。また、この縦軸と横軸は、織物の縦糸と横糸のようなものであり、古いものと新しいものが統合されて全体を構成していくことを示している。つまり、過去の危機が後に現れる危機にも影響するということである。

図5-1 エリクソンの漸成発達理論図式

Ⅰ 乳児期	信頼 対 不信							
Ⅱ 早期幼児期		自律性 対 恥・疑惑						
Ⅲ 遊戯期		（その後の現れかた）	自主性 対 罪の意識					
Ⅳ 学童期				勤勉性 対 劣等感			（それ以前の現れかた）	
Ⅴ 青年期	時間的展望 対 時間的拡散	自己確信 対 自意識過剰	役割実験 対 否定的アイデンティティ	達成の期待 対 労働麻痺	アイデンティティの統合 対 アイデンティティ拡散	性的アイデンティティ 対 両性的拡散	リーダーシップと服従 対 権威の拡散	イデオロギーの明確化 対 理想の拡散
Ⅵ 成人期前期						親密性 対 孤立		
Ⅶ 成人期							世代性 対 停滞	
Ⅷ 老年期								統合 対 絶望
人間的な強さ（徳）	希望 hope	意志 will	目的感 goal	有能感 competency	誠実さ fidelity	愛情 love	世話 care	知恵 wisdom

資料：Erikson, E.H. “Identity and the Life Cycle” New York: International Universities Press, p.129, 1959.を基に作成

Ⅰ　乳児期（0歳）（信頼 対 不信）

この時期、乳児は養育者の愛情に満ちた世話によって他者を信頼するという基本的信頼感の感覚を身につける。乳児は愛されることで「自分は愛されるに値する存在なのだ」という感覚が芽生えることになる。これは、人が安心して生きるために必要な感覚であり、非常に重要なものである。しかし、親が子どものすべての欲求を充足し続けることはむずかしい。時として子どもは「自分はもしかして愛されていないのではないか」という不安や不信な感覚（基本的不信感）を経験することとなるが、このような否定的な感覚の経験も生きていくうえでは必要なことである。全体として基本的信頼感が基本的不信感を上回ることが大切であり、これによって、子どもは「希望」という活力を手に入れることができる。希望を得るということは、困難な状況が生じても、何とかなるという将来を信じる力を手に入れるということでもある。

Ⅱ　早期幼児期（1～2歳）（自律性 対 恥・疑惑）

この時期、子どもは自分で歩いたり言葉を話しはじめたりするなど、さまざまな能力を身につけていく。同時に子どもは自分で何でもしたいという欲求も芽生えてくる。またこの時期は、排泄のトレーニングがはじまり、決められた場所で自分の身体をコントロールしていかなければならない。このように子どもは自律性の感覚を育んでいく。一方で、排泄がうまくいかなかったり、何か失敗してしまったりしたとき、子どもは恥ずかしいという恥の感覚や自分自身への疑惑の感覚を経験することになる。子どもの自律性の感覚が、恥・疑惑の感覚を上回れば、自分でやり遂げようとする「意志」という人間的な強さを手に入れることができるのである。

Ⅲ　遊戯期（3～5歳）（自主性 対 罪の意識）

この段階になると、子どもの行動はさらに活発になり、言語発達により多くのことを理解することができるようになる。また自ら質問したりするようになり、自主性の感覚を獲得していくこととなる。この時期には、ルールのある遊びをするようになり、ごっこ遊びをしたり、友だちと一緒に何かをつくったりするようになる。子どもたちはいろいろなことを想像しながらそのなかで自主的に役割を演じ、自分の興味のあることについて目的をもって行動できるようになる。また、子どもたちは社会的な役割や社会のルールを知るなかで、社会的価値や道徳観から生まれる「良心」を育んでいく。一方で、相手に嫉妬を感じたり、相手にライバル心を抱いたり、相手に打ち勝ったりする体験は、子どもに「罪の意識」を生じさせる可能性がある。この感覚は他者への思いやりを育むものであるが、過度に罪悪感を抱いてしまうと、それに囚われてしまい自由に行動できなくなってしまう。自主性の感覚が罪の意識を上回ることが大切であり、そのとき、「目的意識の感覚（目的感）」を手に入れることができるのである。

Ⅳ　学童期（小学校：勤勉性 対 劣等感）

この時期、学校教育がはじまり、子どもたちは学習中心の学校生活へと移行する。学校では社会で役立つ知識を学び、他者と協力して何かを計画し達成することで、子どもたちは達成する喜びを感じ、さまざまな人とのかかわりのなかで自己を自覚するようになり、社会のルールに適応することを身につけていく。そして「自分たちが役に立っている」ということを感じることができるようになる。しかし一方で、うまく役割を果たすことができない場合もあり、そのとき、子どもは、「劣等感」を抱くことになるが、劣等感を抱くことも必要なことであり、劣等感があるから努力しようとする。この劣等感を上回る勤勉性の感覚を身につけることで、獲得した知識や経験によって自己理解を深め、「自分はうまくできる」といった「有能感」という活力を獲得することができるのである。

Ⅴ　青年期（アイデンティティの統合 対 アイデンティティ拡散）

青年期には急速な身体的成長と性的成熟が起こる。このような身体的変化は自己に注意を向けるきっかけになり、自分自身を客観的にとらえ、青年は自己のあり方について考え直すようになる。自分がどのような存在であり、どうありたいのかということを考え、社会のなかでの役割を自らが決定し、「これが自分だ」というまとまりのあるアイデンティティの統合の感覚を得ていく。一方で自分が何者であるかを見失い、将来の希望を失い、無気力になっているアイデンティティ拡散の状態に陥ることもある。アイデンティティの拡散状態は青年を不安定にし、活力を奪い去り、苦しい状態をもたらす。しかし、アイデンティティの拡散状態を経験しなかったことがよいということではなく、そこから逃げることなく取り組むことこそが大事であり、このことを通して徐々にアイデンティティを確立させていくことができるのである。そして、アイデンティティの統合がアイデンティティの拡散を上回ることで、自分に対しても他者に対しても「誠実」であるという活力的なパーソナリティを得るのである。

Ⅵ　成人期前期（親密性 対 孤立）

アイデンティティの形成が順調に進んでいる若者は、他者と親密で安定した関係を築くことが可能になる。アイデンティティを確立させた若者は、真の友情や愛を求め、他者に対して献身的かつ寛容になることができ、自分の考えや将来の計画、希望について他者と話し合うことで自分自身の確かなアイデンティティの感覚を得ようとする。このように互いの考えを尊重し、協力し合う安定した関係を築くことで、この時期のテーマである「愛情」という活力的パーソナリティを手に入れることができる。一方で、異質な者に対して偏見をもち、親密な関係の構築を避け、互いの異なる部分を認め合う関係を築くことができない場合、孤立を深めていく可能性がある。

Ⅶ　成人期（世代性 対 停滞）

心理的に成熟した人間は、次の世代を育成していくことが関心事となる。すなわち、「次の世代をいろいろな形で育成するという世代性（ジェネラティビティ）」がこの時期のテーマとなる。たとえば、大人として子どもを守り、責任をもって子どもを育成していくことは、社会に生きる人間として次の世代を育成する世代性の1つの表れである。一方で、そのような世代性の感覚を得ることに完全に失敗すると、生活全般が停滞した感覚に陥ってしまい、対人関係が貧困になり他者への信頼感が低下するといった問題が生じる可能性がでてくる。世代性の感覚を発達させることにより「世話」をするという活力的なエネルギーを手に入れることができるのである。

Ⅷ　老年期（統合 対 絶望）

人は他者の世話をしたり、また多くの成功と失敗に対処したりすることを通じて自己を成長させ、これまでの7つの発達段階の各要素を統合していく。統合とは、たった一度の人生を肯定的にとらえ、自己の責任を理解し、これまでに出会った大切な人々をかけがえのない存在として受け入れ、異なる時代背景、異なる目的をもった人たちに対しても仲間意識をもつという感覚である。一方で、統合の感覚を喪失すると絶望感に陥る。統合の感覚を得ることで、蓄積された知識、成熟した判断力、包括的な理解力などの本質的な「知恵（叡智）」を手に入れることができるのである。

以上のようにエリクソンが提唱した漸成発達理論図式全体はアイデンティティの形成とかかわっており、アイデンティティの発達は一生涯にわたるプロセスということができる。

3 青年期の「アイデンティティの統合 対 アイデンティティ拡散」

青年期の「アイデンティティの統合 対 アイデンティティ拡散」について学ぼう。

ここでは、青年期の「アイデンティティの統合 対 アイデンティティ拡散」に着目する。図5-1漸成発達理論図式の青年期の横の行は、過去や未来の危機が青年期にどのようなかたちで出現するかということを表している。すなわち、これまで経験してきたテーマがもう一度出現し、同時に成人期以降に直面するテーマの前兆が現れるということであり、この横軸も青年期におけるアイデンティティ形成のプロセスの重要な側面である。

「a. 時間的展望 対 時間的拡散」

人生の最も早い危機「（Ⅰ、1）信頼 対 不信」に関連しており、乳児期での不信の危機が青年期では時間への不信として形を変えて現れる。この時期、青年は目標に向かって計画を立てたり、努力して取り組んだりすることとなる。しかし、時にはうまくいかないこともある。たとえば、結果を急ぎすぎて時が経つのを待つことができず、イライラしたり不安に陥ったりする。そのような出来事は青年を不安定にし、青年から活力を奪い去ってしまうだろう。しかし、その困難とうまく付き合っていくことで、過去から現在、現在から未来への見通しをもち、将来に希望をつなげることができるようになる。このように、「ある時点における過去と未来についてのその人の見方や過去・現在・未来をつなげることを時間的展望（time perspective）」

と呼ぶ[2)]。

「b. 自己確信 対 自意識過剰」

「(Ⅱ、2) 自律性 対 恥・疑惑」の感覚と関連している。自己確信は、これまでのさまざまな経験で培ってきたことを信じるという感覚である。つまり自分を信頼し、自信をもつという感覚といえよう。一方で、常に人から見られ評価されているというような場合、自意識過剰な状態になり、苦痛をともなう恥ずかしさが生じて自信がもてなくなってしまう。そのため、対人場面において恐怖を感じてしまう場合もある。自己確信が自意識過剰を上回ることで、自己肯定感や自己効力感が高まり、自己実現に向けた行動を取りやすくなるが、自意識過剰が過度に高まると不安や恐れを抱いてしまうことになる。

「c. 役割実験 対 否定的アイデンティティ」

「(Ⅲ、3) 自主性 対 罪の意識」と関連している。青年は、肯定的な社会的役割を見つけて自主的に引き受け、その役割を演じるなかで自己や他者を理解し、自分らしさを見出し、目的意識をもって社会のなかでの自分の生きる道を選択しようとする。しかし、一方で否定的アイデンティティに陥っている青年は、社会的に望ましくない役割を選択し、それに固着した状態に陥る。

「d. 達成の期待 対 労働麻痺」

「(Ⅳ、4) 勤勉性 対 劣等感」と関連している。青年はさまざまな経験を通じて自分自身の能力を高めることで、喜びや有能感を獲得することができる。一方で、自分の能力やスキルに自信がない場合、仕事に対する意欲が低下し、何かに集中して取り組むことがむずかしくなることがある。仕事に対してやりがいを感じることは、自分の人生や仕事に誇りをもつことでもあり、アイデンティティ確立のための重要な要素である。

「e. 性的アイデンティティ 対 両性的拡散」

成人期前期の「(Ⅵ、6) 親密性 対 孤立」の準備段階であり、「愛情」という活力的パーソナリティの形成の礎になるものである。この時期に重要になってくるのは、青年が自身の性別(ジェンダー)の意味を認識できていることである。つまり、自分自身の性について理解し、それに同一感を感じる感覚をもち(ジェンダー・アイデンティティ：性同一性)、自分自身の性的指向を理解することでもある。一方でジェンダー・アイデンティティが混乱し、過度にそれに囚われてしまう場合、他者との親密な関係構築が困難になる可能性がある。ただし現代社会では多様な性的指向やジェンダー・アイデンティティが存在するのでさまざまな角度から見ていく必要がある。ジェンダー平等な社会を実現するために、個々人のジェンダー・アイデンティティをより深く理解し尊重することが大事なテーマになってくる。

「f. リーダーシップと服従 対 権威の拡散」

成人期のテーマである次の世代を育成する「(Ⅶ、7) 世代性 対 停滞」と関連する。青年は、仲間内でリーダーシップを発揮したり、仲間に従ったりすることを通じて、社会的責任感を身につけ、視野を広げることができるようになる。またリーダーシップの役割を果たすことで、理想のリーダー像を形成することも可能となる。しかし、リーダーシップやフォロワーシップの役割を果たせないとき、青年は孤立し、人間関係が貧困になってしまう可能性がある。

「g. イデオロギーの明確化 対 理想の拡散」

老年期のテーマである「(Ⅷ、8) 統合 対 絶望」と関連する。青年は、自己の信念や理想（イデオロギー）にかかわることで、社会での自分の居場所を見つけ、安定したアイデンティティの感覚を発達させることができる。一方で自分が信じていた信念や理想を見失った場合、進むべき方向性がわからなくなり、青年の価値観は混乱することとなる。

以上のことから、青年が時間的な展望をもち、自己の意志や信念、目的意識をもって社会で自らの役割や居場所を見出し、能力やスキルを磨き、他者との関係を深めたりすることは、アイデンティティの感覚を獲得するための重要な要素であるといえよう。

さらに詳しく学ぶ

1 時間的展望における過去・現在・未来の関連

私たちは、「今こうやってがんばることができるのは過去の経験があるからだ」とか「将来の目標のために今はつらくても努力しよう」と考えたりするなど、時間と関連づけて自分自身をとらえようと試みる。このように過去や現在、未来の見方はその人の行動に影響を与え、その人の人生を方向づける。

白井は、図5-2に示すように、「過去は現在の視点から問い直され、過去を意味づけることによって未来を構想し、未来を構想することによって現在を方向づける」としている[3)]。すなわち、過去を通して未来を構想することができ、それによって現在の行動が変化するのである。また、将来を考えるときのポイントとして、「自分の将来と連続性のあるものに取り組んでみる」ということ、その際「過去をくぐって考える」ということなどをあげている[4)]。「授業までの準備」として過去をふり返り、将来、何になりたかったかを考えてもらったが、自分の過去をふり返ることで、そのなかでの共通点が見えてくる。自身がこれまでどのような事を大切にしてきたのかを理解することで、将来について考え、現在の自分を方向づけることができるのである。

図5-2　時間的展望生成の図式

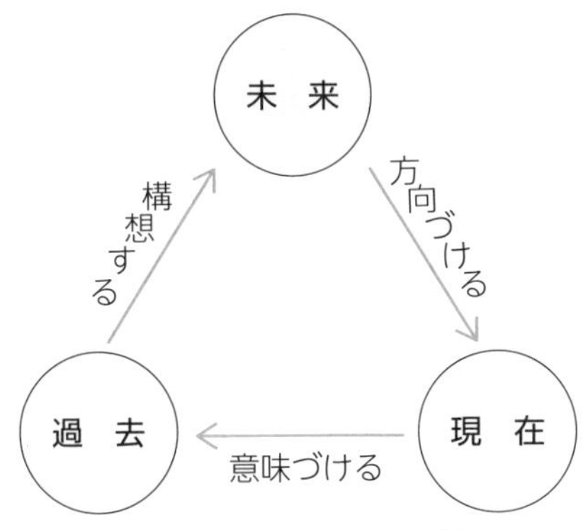

出典：白井利明『〈希望〉の心理学』講談社、p.140、2001年

2　青年の充実感から見たアイデンティティの感覚

青年がアイデンティティを実感するとき、「私は○○である」という自覚、自信、誇り、生きがい感といった肯定的な感情をもつ。大野（1984）は、青年の充実感を「健康なアイデンティティを統合していく過程で感じられる自己肯定的な感情」と定義し、図5-3のような青年の充実感モデルを提案している[5)]。このモデルは、「信頼・時間的展望―不信・時間的展望の拡散」「自立・自信―甘え・自信のなさ」「連帯―孤立」の3つの軸が充実感気分を支えており、図5-3の上部はアイデンティティが統合した状態で充実感気分があり、下部はアイデンティティが拡散した状態で退屈や空虚感を感じてい

る状態である。つまり、「充実感に満ちている」状態とは、自分自身を価値あるものとしてとらえ、自信をもって主体的に生きていること、そして周囲から認められて居場所があるというようにアイデンティティが統合の方向にあることを指す。一方で「退屈で空虚である」状態は、自分に自信がなく、社会での自分の居場所が見つからないといったアイデンティティが拡散の方向にあることを示す。そして、これらの側面はエリクソンの漸成発達理論図式とも対応しているとされている。このように青年の充実感から青年のアイデンティティの感覚をとらえることができるのである。

図5-3 充実感モデル

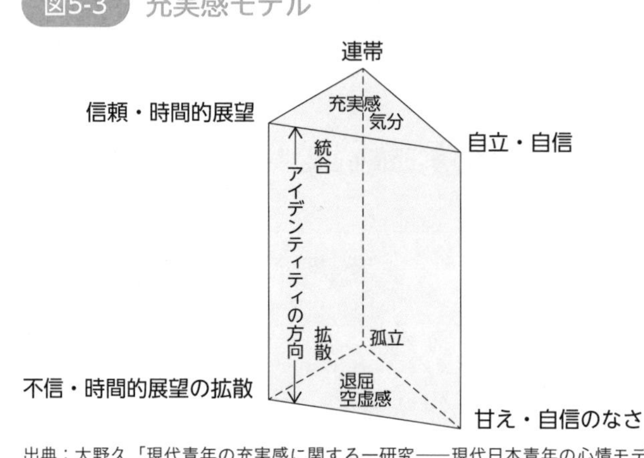

出典：大野久「現代青年の充実感に関する一研究——現代日本青年の心情モデルについての検討」『教育心理学研究』第32巻第2号、p.107、1984年

復習ワーク

1. 青年期の発達の特徴についてまとめてみよう。
2. エリクソンの心理・社会的発達論についてまとめてみよう。
3. アイデンティティが拡散している状態についてまとめてみよう。

引用文献

1）白井利明編『やわらかアカデミズム・〈わかる〉シリーズ よくわかる青年心理学』ミネルヴァ書房、pp.4-5、2006年
2）白井利明・杉村和美『アイデンティティ——時間と関係を生きる』新曜社、p.217、2022年
3）白井利明「青年の進路選択に及ぼす回想の効果——変容確認法の開発に関する研究（Ⅰ）」『大阪教育大学紀要 第Ⅳ部門：教育科学』第49巻第2号、p.134、2001年
4）無藤隆・岡本祐子・大坪治彦編『やわらかアカデミズム・〈わかる〉シリーズ よくわかる発達心理学』ミネルヴァ書房、pp.112-113、2004年
5）大野久「現代青年の充実感に関する一研究——現代日本青年の心情モデルについての検討」『教育心理学研究』第32巻第2号、p.107、1984年

第6章

成人期・老年期の発達の特徴と課題

この章のねらい

前成人期から成人期に移行する時期の区切りは曖昧であるが、前成人期は青年期以降のおおむね20歳代半ば～30歳代前後を指し、成人期はおおむね30歳代前後～60歳代半ばまでを指す。そして、老年期はおおむね60歳代半ば以降を指す。前成人期に入ると、恋愛や配偶者の選択、家庭生活を確立し、成人期になると、子育てや職場の若手育成など、次世代を育成していく。老年期には、身体的機能の衰えや容姿の変化などネガティブな側面と向き合いつつも、自分自身の生涯をふり返って、それを肯定的に受け止めることができるようになっていく。本章では、成人期・老年期の発達の特徴と課題について学ぶ。

この章の構成

授業までの準備 ―私たちの人生設計―

以下は、20歳を迎えた5人が、高校の同窓会で再会した場面である。

りこ　：みんな久しぶり！　元気にしていた？　私はそろそろ就活しなきゃなって悩んでいて…。実際に自分が「働く」っていうイメージがわかないなぁ。みんなはもう決めている？

さとみ　：私は決めているよ。支援員として児童養護施設で働くつもり。30歳くらいまで働いて経験積んでから結婚して、子育てして…って感じかな。まだ相手はいないけどね。

あつと　：ぼくはまだまだ働くことは考えてないな。バイトをしてお金を貯めたら、海外に行ってたくさんの人と交流して、経験の幅を広げて、本当に自分がやりたいことを見つけるかな。

みあ　：へぇ、私は卒業したらすぐパートナーと結婚して子どもがほしいから、仕事するにしてもパートとか時間にゆとりのあるほうがいいかなと思っている。

けいすけ　：ぼくはもう働いているよ。親がものづくりの仕事をしていたけれど、けがで動けなくなって。そこに弟子入りっていうか、働きながら教えてもらって技術を磨いているよ。やっぱり後を継がなきゃなって。結婚とかは考えていないなぁ。

りこ　：そっかぁ、もうすっかり自分の人生プランを考えているんだね。私はどうしようかな…。

? 考えてみよう

自分自身が20歳代、30歳代、40～50歳代になったときにどのような人生を歩んでいるかをイメージして、世代ごとに具体的に書いてみよう。また、その人生を歩むために今からどのような目標をもって取り組むか、簡単に書いてみよう。

	20歳代	30歳代	40～50歳代
将来像			
目標			

基本を学ぶ

1 成人期の特徴

成人期の発達の特徴について考えてみよう。特にこの時期の発達のテーマとなる「親密性」について学ぼう。

（1）前成人期から成人期へ

2018（平成30）年6月に民法が一部改正され、2022（令和4）年4月より成人年齢はこれまでの20歳から18歳に引き下げられることになった。これによって、保護者の同意を得なくても1人で有効な契約をすることができるようになり、父母の親権に服さなくてもよくなるなどして、社会的には18歳になることが成人、つまり大人とされるようになった。

しかし、この時期は、場合によれば、高等学校を卒業して大学や専修学校等の高等教育機関へ進学する時期でもあり、年齢上は成人であっても、将来の自分のあり方を模索しながら自分が大人であるという自覚をもつための過渡期であるといえる。前成人期から成人期に移行する時期の区切りは曖昧であり、現代社会においては明確になっているとはいいがたい。

（2）成人期前期と成人期の発達課題

一般的に成人期は、20歳代半ばから60歳代前半頃までの時期であり、就職して社会人となり、家庭をもち、子育てなどの次世代育成に至る時期であると考えられている。エリクソンのライフサイクル理論では、この時期を成人期前期と成人期に大きく分け、それぞれの発達のテーマ、つまり「心理社会的危機」を成人期前期は「親密性 対 孤立」、成人期は「世代性 対 停滞」としている。

成人期前期の「親密性」とは、青年期のアイデンティティの確立を経て、自分自身の問題について向き合うことができるようになり、身近な人と相互に認め合いながら関係性を深めていくことを意味している。つまり、青年期に「自分がどうありたいのか」という葛藤を乗り越え、職業に就いて社会的役割を全うしながら、恋愛や配偶者の選択、家庭生活の確立、子どもの養育といった他者との関係性を構築し、充実させていくことである。一方で、表面的な関係に留まる場合や、それどころか、相手に受け入れてもらえない場合には「孤立」に陥る。したがって、成人期前期には「親密性 対 孤立」の危機に立ち向かい、これを乗り越えて「愛情」を獲得することが求められる。

成人期の「世代性」とは、これまで恋愛や自己実現など自分を中心に向けられていた関心が、他者に対して世話をするということに向けられ、子育てや職場の若手育成などを通じて、次世代を生み育て、次世代へと貢献していくことを意味している。他方、自分自身への関心から抜け出せず、次世代への関心が薄くなってしまうと、自分の経験を押しつけ、考えを変えられない頑固さが現れてしまう。これが「停滞」といわれるものである。成人期には「世代性 対 停滞」の発達課題を解決し、「世話」を獲得することが求められる。

(3) 将来への意識・結婚への意識

内閣府が2020（令和2）年に実施した13歳以上29歳以下の者を対象とした「子供・若者の意識に関する調査」によると、40歳頃の将来に対するイメージについて、「親を大切にしている」「幸せになっている」「子供を育てている」「結婚している」に対して「そう思う」と回答した比率が高くなっている（図6-1）。

この調査結果から、成人期前期から成人期にかけての若者が、成人期後期に差しかかった40歳頃の自分自身のあり方に、「お金持ち」や「自由にのん

図6-1 将来（40歳頃）自分はどうなっているかに対するイメージ

	n	そう思う	どちらかといえばそう思う	どちらかといえばそう思わない	そう思わない	そう思う（計）	そう思わない（計）
お金持ちになっている	10,000	11.0	23.8	36.2	29.0	34.8	65.2
自由にのんびり暮らしている	10,000	15.1	37.3	28.6	18.9	52.5	47.6
世界で活躍している	10,000	7.3	14.8	29.8	48.1	22.1	77.9
多くの人の役に立っている	10,000	9.8	28.4	33.0	28.8	38.2	61.8
有名になっている	10,000	6.4	13.7	32.1	47.8	20.1	80.0
子供を育てている	10,000	20.8	35.2	21.1	23.0	56.0	44.0
親を大切にしている	10,000	25.1	42.2	18.1	14.5	67.4	32.6
幸せになっている	10,000	22.7	39.4	21.9	16.0	62.1	37.9
結婚している	10,000	24.1	33.4	21.0	21.6	57.5	42.5
出世している	10,000	11.2	27.0	32.5	29.3	38.3	61.7
外国に住んでいる	10,000	5.4	12.6	25.8	56.2	18.0	82.0

出典：内閣府「令和元年度子供・若者の意識に関する調査」2020年

び り暮らしている」といった自己に焦点を当てた将来像よりも、これまで自分自身を育ててくれた親を自ら大切にしようとしているとか、結婚によってパートナーを見つけているとか、子育てによって次世代を育てているといった他者との関係性に関心を向けた将来像を描いていることがうかがえる。

一方で、年々、男女ともに初婚年齢が遅れ、晩婚化傾向の状態にある。また、母親の平均出生時年齢についても上昇傾向となっている（図6-2）。さらにエリクソンの「親密性」では、主に結婚や子育てに向けてパートナーをつくり、親密な関係を育む段階と考えられていたが、生涯未婚率（50歳時点での未婚割合）においては、1990（平成2）年以降、右肩上がりに増加していることが明らかになっている（図6-3）。

また、現代の若い人たちのなかでは、結婚に至る過程において、婚活サイトやアプリ、SNSなどを利用した恋愛や結婚が多くなってきており、人生のパートナーの選択の手段が多様化してきている（図6-4）。

図6-2 平均初婚年齢と母親の平均出生時年齢の年次推移

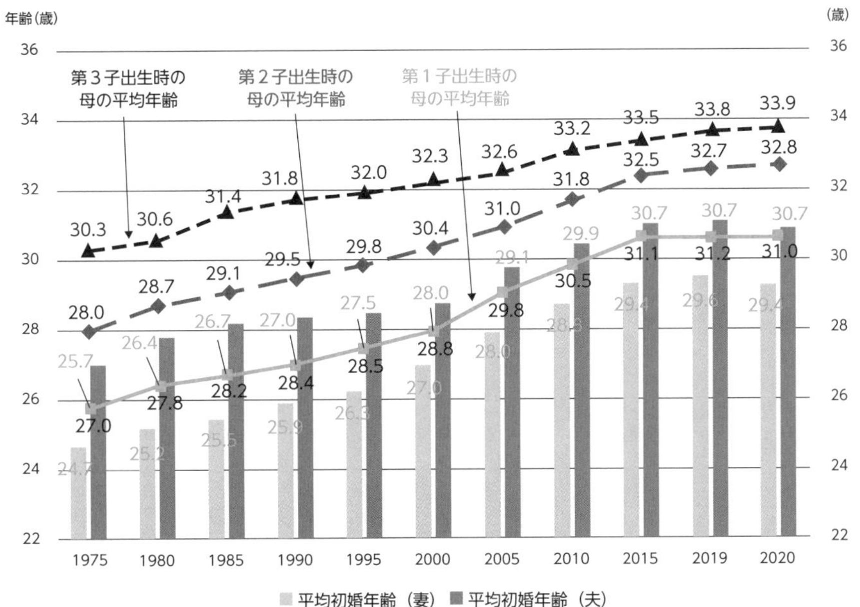

出典：内閣府「結婚と家族をめぐる基礎データ」2022年

図6-3 50歳時の未婚割合

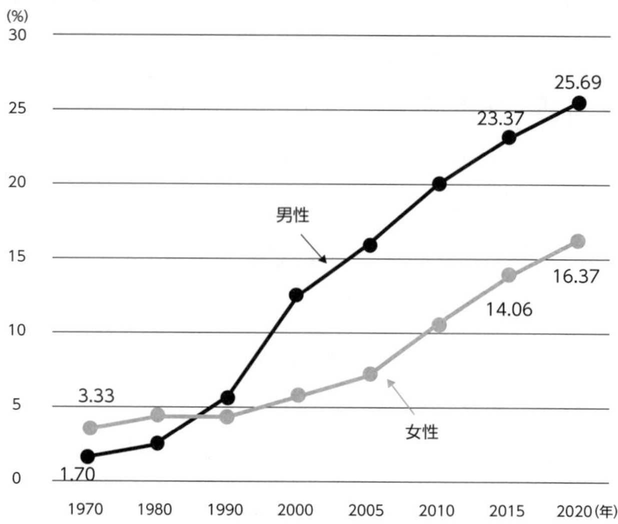

1. 1970年～2015年は国立社会保障・人口問題研究所「人口統計資料集（2021)」、2020年は総務省「令和2年国勢調査」より、内閣府男女共同参画局作成。
2. 「50歳時の未婚割合」とは、45～49歳の未婚割合と50～54歳の未婚割合の平均値。

出典：内閣府「結婚と家族をめぐる基礎データ」2022年

図6-4 結婚した人が実施した婚活の方法

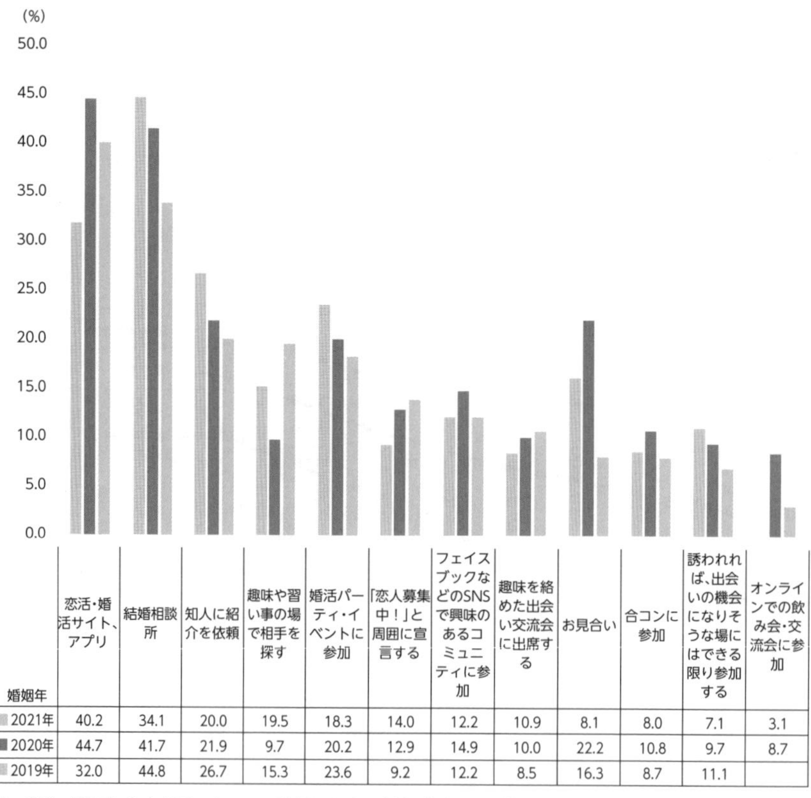

婚姻年	恋活・婚活サイト、アプリ	結婚相談所	知人に紹介を依頼	趣味や習い事の場で相手を探す	婚活パーティ・イベントに参加	「恋人募集中！」と周囲に宣言する	フェイスブックなどのSNSで興味のあるコミュニティに参加	趣味を絡めた出会い交流会に出席する	お見合い	合コンに参加	誘われれば、出会いの機会になりそうな場にはできる限り参加する	オンラインでの飲み会・交流会に参加
2021年	40.2	34.1	20.0	19.5	18.3	14.0	12.2	10.9	8.1	8.0	7.1	3.1
2020年	44.7	41.7	21.9	9.7	20.2	12.9	14.9	10.0	22.2	10.8	9.7	8.7
2019年	32.0	44.8	26.7	15.3	23.6	9.2	12.2	8.5	16.3	8.7	11.1	

※ 実施（利用）した婚活によって、結婚した人の割合（1次調査／各年に結婚した人のうち、各婚活を実施（利用）した既婚者／各項目単一回答）

※ 「オンラインでの飲み会・交流会に参加」は2020年から項目に追加

出典：「婚活実態調査2022」（リクルートブライダル総研調べ）

2 老年期の特徴

人生の集大成ともいえる老年期の発達の特徴や課題について考えてみよう。また「サクセスフル・エイジング」について学ぼう。

(1) 老年期の発達課題

世界保健機関(WHO)の定義では、65歳以上を高齢者としている。日本においても65歳以上を高齢者とし、老年医学の観点から、65歳から74歳までを前期高齢者、75歳以上を後期高齢者、さらに85歳以上を超高齢者と区分している。エリクソンの理論においても、65歳以上の時期を老年期とし、この時期の発達課題を「統合 対 絶望」としている。これは人生の終盤の時期に差しかかり、生涯をふり返って、「つらいことも楽しいこともたくさんあったうえで、今の自分が形成されている」と肯定的に自分を受け止められるのか、もしくは、「あの時こうしていれば」「自分の人生の意味は何だったのか」と後悔や絶望の念に駆られてしまうのかに分かれることを指している。そして、この危機を乗り越えることにより、知恵(叡智(えいち))を獲得することができるのである。

(2) 老年期の現状と特徴

日本の総人口は、2022(令和4)年10月1日現在1億2495万人であり、そのうち65歳以上の高齢者数は約3624万人であって、総人口に占める高齢者の割合(高齢化率)は29.0%となっている。日本の65歳以上人口はこれからも増加傾向が続くと見込まれており、2043(令和25)年には、3953万人でピークを迎え、その後減少していくと推計されている。

また、日本人の平均寿命を見てみると、2021(令和3)年現在、男性が81.47年、女性が87.57年となっており、今後も男女とも平均寿命は伸び、2070(令和52)年には、男性85.89年、女性91.94年となり、女性は90年を超えると考えられている(図6-5)。

図6-5 平均寿命の推移と将来推計

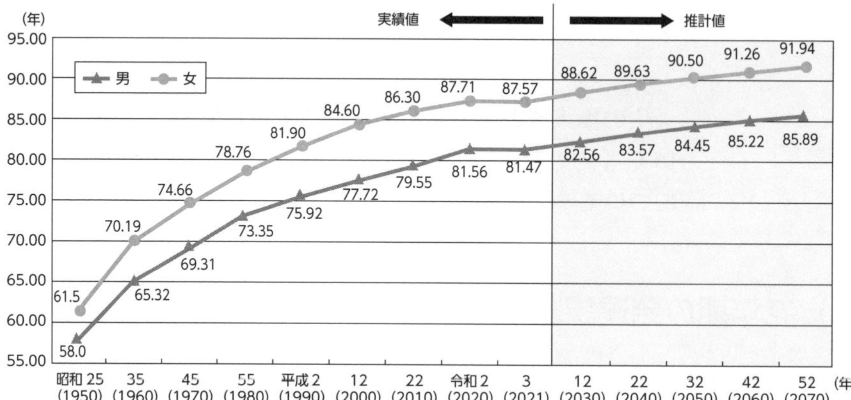

資料：1950年、2021年は厚生労働省「簡易生命表」、1960年から2020年までは厚生労働省「完全生命表」、2030年以降は、国立社会保障・人口問題研究所「日本の将来推計人口（令和5年推計）」の死亡中位仮定による推計結果
（注） 1970年以前は沖縄県を除く値である。0歳の平均余命が「平均寿命」である。
出典：内閣府「令和5年版高齢社会白書（全体版）」2023年

一般的に高齢者は、加齢にともなう生理的機能の低下により、疾病に罹患（りかん）することが多くなり、生活機能も低下し、要介護状態になるなど、身体的な健康を害しやすい。加齢によるわかりやすい見た目の変化としては、シワが深くなり、髪の毛が薄くなったり、白髪が増えたりすることなどがあげられる。運動機能については、筋力や持久力、敏捷性（びんしょうせい）に低下が見られるようになる。また、感覚機能も加齢とともに少しずつ変化し、成人後期である40歳代後半頃から低下が見られるようになってくる。視覚では白内障や緑内障といった病気が現れたり、聴覚では難聴の症状が現れたりする。

図6-6 流動性知能と結晶性知能の発達的変化モデル（Horn, 1970）

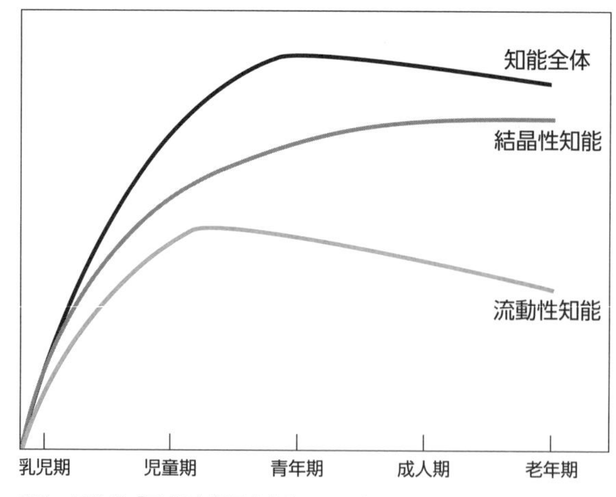

出典：厚生省『平成9年版厚生白書』1997年

しかし、生活を支えるために必要な認知機能に関しては、加齢により低下する能力だけではなく、青年期や成人期の水準を維持することができる能力があることがわかってきている。ホーンとキャッテルは、情報の処理や新しい環境に適応する能力を流動性知能とし、教育や学習など社会文化的な経験の蓄積による能力を結晶性知能とした。具体的には、暗算や計算、集中力などを指す流動性知能は児童期（10歳代後半）から青年期（20歳代前半）をピークになだらかに低下していくが、文章を構成する力や、語彙力、判断力などに代表される結晶性知能は、加齢によっても変化せず、老年期に至っても維持されるとしている（図6-6）。

（3）サクセスフル・エイジング

バルテスは、老年期の叡智についての研究で、サクセスフル・エイジング（successful aging）という概念を提唱している。これまで人間が年齢を重ねて老いていくという事象には、身体的機能の衰えや容姿の変化など、どうしてもネガティブなイメージがつきまといがちであった。しかし、高齢者自らがその老いを自覚し、肯定的に受け止め、人生に納得して過ごしている状態にあるならば、それは決してネガティブなイメージではない。サクセスフル・エイジングの概念はまさしくこうした状態を指しているのである。

さらに詳しく学ぶ

ライフキャリア・レインボー

現在、日本の学校教育は、生きる力を育むことを重視しており、幼児教育においても、保育所、幼稚園、認定こども園に共通する目標として、生きる力の基礎を培うことが示されている。文部科学省は、「生きる力を身に付けさせるという時代の要請に答えつつ、子どもたちが力強く生きていくために必要な資質や能力を育てていくという重要な役割を期待するもの」[1)] としてキャリア教育の推進を進めている。「キャリア」や「キャリア発達」の定義は多様であるが、文部科学省では、2011（平成23）年1月の中央審議会の答申「今後の学校におけるキャリア教育・職業教育の在り方について」から引用し、「キャリア」とは、「人が、生涯の中で様々な役割を果たす過程で、自らの役割の価値や自分と役割との関係を見いだしていく連なりや積み重ね」[2)] であり、「キャリア発達」を、「社会の中で自分の役割を果たしながら、自分らしい生き方を実現していく過程」[3)] としている。このキャリア発達に関する理論の1つとして代表的なものに、D.E.スーパーによるライフキャリア・レインボー（生涯経歴の虹）がある。

スーパーの理論では、キャリアは家庭、学校、職場、地域社会などの生活の場で、一生を通じて担うさまざまな役割を通じて形成されていくものとしてとらえられている。図6-7は、22歳で大学を卒業し、すぐに働きはじめた人の場合について図示されたものである。①成長期、②探索期、③確立期、④維持期、⑤衰退期、とライフステージ（生活段階）が移行していくなかで、さまざまな役割を担いながらキャリアは変化していく。主な役割としては、①子ども、②学生、③余暇人、④市民、⑤労働者、⑥配偶者、⑦家庭人、⑧親、⑨年金生活者、の9つ[4)] が取り上げられている。これらの役割は、ライフステージが移行するにつれて重なり合っている。図6-7の例であれば、生まれた後数年は子どもとしての役割を担うのみであるが、その後は同時に担う役割も増え、20歳頃であれば、子ども、学生、余暇人、市民といった役割を担うこととなる。ライフキャリア・レインボーは、この重なり合っている役割が、虹にたとえられ、図式化されたものである。

また、スーパーは、役割を決定するポイントは、「新しい役割を担う前、古い役割を放棄する時、既存の役割の性質を大きく変える時に生じる」[5)] と説明している。たとえば、16歳で学校を中退し、42歳で転職した人について、主な9つの役割を決定するポイントを説明しているが、労働者の役割を決定するポイントとしては、労働者になる前、転職する時期、退職する時期が示されている。労働者の役割の決定には、職業によっては、その前の高校、大学などの選択により影響を受けることが考えられるため、学校教育におけるキャリア教育の影響も大きいと思われる。役割を決定する要因については、個人的要因、状況的要因に大別される。図6-7に示されているように、「個人的要因」としては、気づき、態度、興味、欲求・価値、アチーブメント、一般的・特性的適性、生物学的遺伝があげられ、「状況的要因」としては、社会構造、歴史的変化、社会的・経済的組織状態、雇用訓練、学校、地域、家族があげられている。キャリア発達も、他の発達と同じように、個人の要因と環境の要因が影響し合って相互作用的に起こるものとして

図6-7 ライフキャリア・レインボー

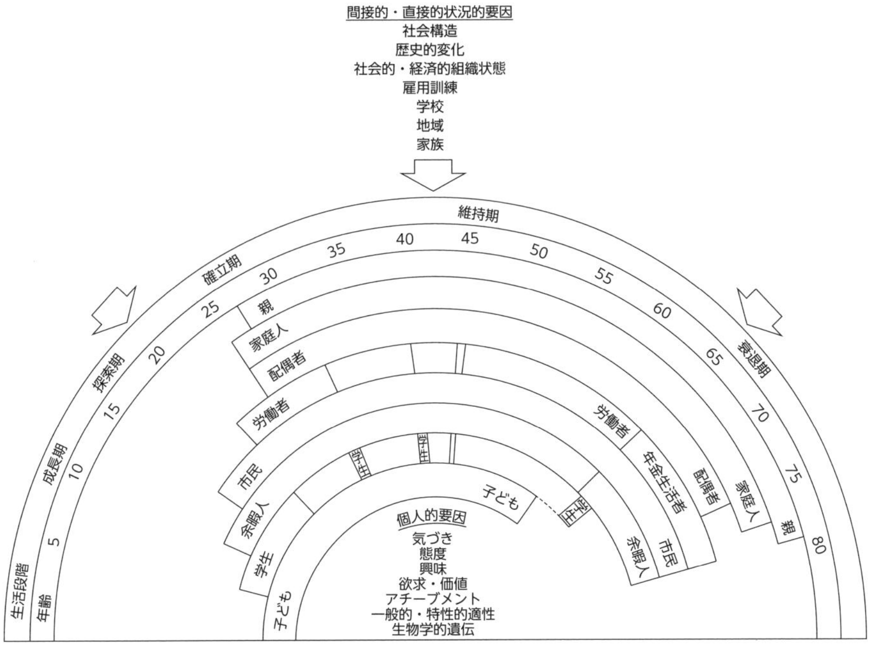

出典：D.E.Super, "A Life-Span,Life-Space,Approach to Career Development", *Journal of Vocational Behavior*, 16(3), p.289, 1980.を一部改変

とらえられている。

　このように、キャリアは、人生の流れのなかで、その時々のさまざまな役割を果たしながら、積み重ねられて発達していく。幼児期の「生きる力の基礎」から学校教育の「生きる力」および「キャリア教育」へのつながりについてあらためて意識するとともに、自分自身のキャリア、自分らしい生き方と社会との関係についても考えてほしい。

復習ワーク

現在の自分と老年期（65歳以降）の自分はどのようになっているだろうか。下記の項目ごとにイメージして記入してみよう。

	現在	老年期
食生活		
運動機能		
仲間・ 友人関係		
趣味		

引用文献

1）文部科学省『高等学校キャリア教育の手引き』教育出版、p.31、2011年
2）1）に同じ、p.15
3）1）に同じ、p.16
4）D.E.Super, “A Life-Span,Life-Space,Approach to Career Development”, *Journal of Vocational Behavior*, 16(3), p.283, 1980.
5）4）に同じ、p.291

第 7 章

子どもの生活・生育環境とその影響

この章のねらい

子どもは環境の影響を受けて育つ。本章では現代の子どもの生活・生育環境について、物理的環境と人的環境に整理して学び、それぞれが子どもに与える影響について理解する。さらに、ヒトの発達における遺伝と環境の影響に関する主要な説について学び、それらをふまえて子どもたちの生活に必要な環境について考える。

この章の構成

授業までの準備 … p.76

① 保育者が行う「環境構成」は、物理的な環境の整備である。事例を読んで、「環境構成」の一例を考えてみよう。
② 保育者もまた、「人的環境」である。人的環境としてどのように子どもに作用することが大切かを考えてみよう。

授業で学ぶこと

基本を学ぶ … p.77

① 子どもの生活・生育環境
② 子どもの生活・生育環境とその影響

さらに詳しく学ぶ … p.81

「遺伝」と「環境」

復習ワーク … p.85

① 動植物に出会うこと、触れることの重要性について説明してみよう。
② 「異年齢」の子ども同士のかかわりの重要性について説明してみよう。
③ 家庭での「生活リズムの乱れ」に気づいた場合、保育者として、どのような支援が考えられるかについてまとめてみよう。

授業までの準備 —「環境構成」について考える—

以下は、大学生3人の会話である。

そうた：昨日、公園のベンチに座って、ゲーム機でずっとゲームをしている4、5歳の子がいたよ。弟がお母さんと砂場とか、滑り台とかで遊んでいる間も、ずっとゲームをしていた。天気がよかったのに。

さりな：ふーん。そういえば、この間バスターミナルの待合室で、お母さんの膝の上で、ずっとスマートフォンで動画を観ている1、2歳の子がいたよ。

ゆうか：おとなしくしてほしいからかな。でも、眼に悪くない？

さりな：生まれたときからそばにあるし、身近なおもちゃになっちゃっているのかも。

そうた：でもさ、天気のいい日に、公園でゲームなんてしなくてもよくない？

ゆうか：外遊びよりもゲームのほうが好きなんじゃない？

さりな：そこに、一緒に鬼ごっこができる友だちがいたら、また違ったのかもしれないね。

そうた：ゲームよりもしたい遊びが、昨日のあの公園にはなかった。そういうこと…？　そうなのかなぁ…。

? 考えてみよう

1. 保育者が行う「環境構成」は、物理的な環境の整備である。事例を読んで、「環境構成」の一例を考えてみよう。

2. 保育者もまた、「人的環境」である。人的環境としてどのように子どもに作用することが大切かを考えてみよう。

基本を学ぶ

1 子どもの生活・生育環境

子どもを取り巻く環境について知り、環境が子どもの健康や遊びにもたらす影響について学ぼう。

人々の生活を取り巻く環境には、物理的環境と人的環境がある。このことは、子どもにとっても同様である。胎児の時期は、酸素のみならず、糖やアミノ酸といった栄養素も母体から受け取り、老廃物を返していた。また、子宮の中は「無菌状態」であり、異物から守られた安全な空間が「胎内環境」として与えられていたのである。そうした母親の子宮から外の世界へ誕生してまだ年月の浅い幼い子どもにとって、物理的環境と人的環境はどちらも、「外界への適応を求めるもの」であり、「多大な影響をもたらすもの」となる。

(1) 物理的環境における問題

物理的な環境における問題として、まず、「地球環境の変化」があげられる。具体的には、大気汚染、地球温暖化、オゾン層の破壊、環境ホルモン(内分泌かく乱化学物質)やダイオキシンの問題の深刻化である。これらは、植物を含む生物の健康を脅かしている。オゾン層は数十年後には、完全に回復するとの見通しにあることが、2023年1月9日、国連の専門委員会によって報告書のなかで発表された。この報告は、人類の叡智(えいち)が数十年の年月をかけ、地球温暖化など他の地球環境の問題をも解決し得る可能性があることを期待させる朗報でもある。しかしその一方では、水質汚染、ゴミの大量化、伐採による森林の減少により、動植物が生息する場所を狭め、生態系を崩し、生き物の種類や数の減少を生み出している。これらについても、解決の可能性はあるのだろうか。

さらに、物理的な環境における問題としてあげられるのは、「都市化とIT化」である。コンクリートやアスファルトに覆われた街は、子どもが自然の生き物や草花に出会う機会の減少を生み出している。具体的には、乳児がベビーカーの中から道端の色とりどりの花を見たり、花の周りをひらひらと舞うちょうちょに思わず手をのばしたりするといった機会の減少である。また、幼児にとっては、昆虫の触角の動きをじっと見つめたり、鳥の声に耳を傾けたりする機会の減少が生み出されている。同時に、幼い子どもの周囲にもあふれている電子機器の使用は、子どもが興味・関心を寄せる対象を変化させ、子どもの遊びの質（内容）にも変化をもたらしている。

（2）人的環境における問題

人的な環境における問題としては、まず、「進む少子化」があげられる。総務省は、2023（令和5）年5月4日、「こどもの日」を前に、人口推計から算出した同年4月1日時点の子どもの数（15歳未満人口）を発表した。子どもの数は、前年に比べ30万人少ない1435万人で、1982（昭和57）年から42年連続の減少となり、過去最少となった。総人口に占める割合も11.5%で、1975（昭和50）年から49年連続の低下となった。どちらも比較可能な統計が残る1950（昭和25）年以降で過去最低を更新した（図7-1）。内訳は、男子が735万人、女子が700万人であり、3歳ごとの年齢層別では12～14歳が321万人で最も多く、年齢が下がるほど減少し、0～2歳は243万人だった。

少子化は、兄弟姉妹の数や、地域の子ども数の減少を意味しており、異年

図7-1　子どもの数と総人口に占める子どもの割合

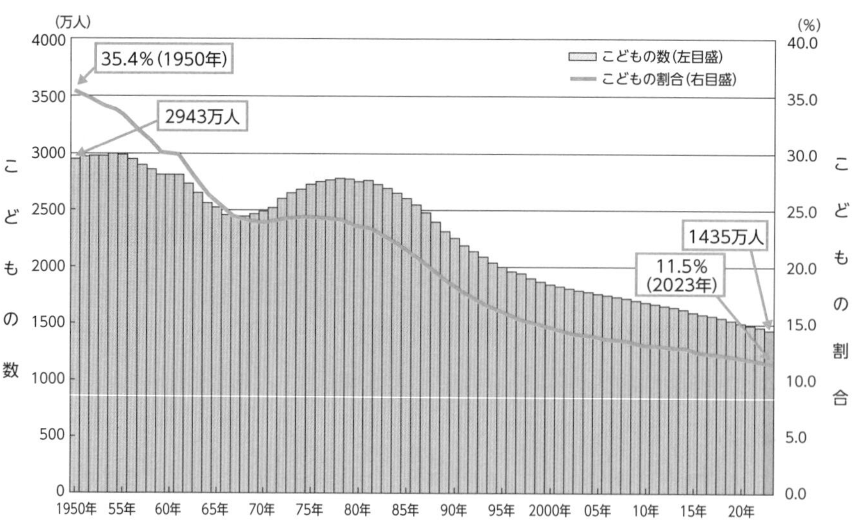

注1：子どもは15歳未満
注2：2022年と2023年は4月1日現在、その他は10月1日現在
出典：総務省統計局の資料を一部改変

齢で遊ぶ機会の減少を生じさせる。このことは、年下の子どもが年上の子どもをモデリングする、年上の子どもが年下の子どもを気にかける、手助けするといった経験の不足につながる。

また、「家庭のライフスタイルの変化」も生じている。高層住宅に居住する傾向は、子どもの外遊びや動植物とのふれあいの減少をもたらす一因となるだろう。調理の簡素化・外食の増加・個(孤)食化は、子どもの食についての知識や技術の不足につながる。レジャー志向や、余暇を重視する傾向は、乳幼児の生活リズムの乱れをまねく可能性がある。

さらに、人的な環境における問題としてあげられるのは、「地域社会との関係の変化」である。近所づきあい（地縁的な関係）が希薄化したことにより、家族・親戚以外の大人が、地域の子どもに関心を払わず、積極的にかかわろうとしない傾向を生み出している。このことが「子育ての孤立化」の一要因である可能性は否めない。また、こうした希薄な人間関係のなかで育った子どもがやがて成人となったときに、幼い子どもにかかわりたくてもかかわり方を知らないという状態を生み出すことも予測される。

2 子どもの生活・生育環境とその影響

子どもを取り巻く環境が、子どもの発達や養育者の心理、養育行動にもたらす影響について学ぼう。

（1）物理的環境がもたらす影響

乳幼児期に、身体を使い、感覚を働かせ、心を動かすという経験が「脳を育てる」。人間の脳にある神経細胞（ニューロン）の数は、数百億個ほどであるが、どのような環境でどのような経験をするかが、神経細胞の結びつき方を規定し、脳の機能の仕方に影響を与える。

五感とは、視覚、聴覚、触覚、味覚、嗅覚である。身体感覚には、皮膚感覚（温覚・冷覚、触覚、痛覚）、運動感覚、平衡感覚、内臓感覚がある。運動感覚とは、身体の各部位の向きや動きに対する感覚であり、平衡感覚とは、空間の中での自分の身体の傾きや向きをとらえる感覚である。そして、内臓感覚とは、自分の内側に生じる空腹感や尿意、吐き気などを意味する。

実際に、見たり、聞いたり、触れたり、味わったり、匂いをかいだりする経験によって、乳幼児は、「物の性質」を知っていく。また、日常のなかで、物に触れることによって「皮膚感覚」（温覚・冷覚、触覚、痛覚）をあじわい、「運動感覚」や「平衡感覚」を得ながら身体を動かし、自分の内側に「空腹感」が生じるまでたっぷりと遊び、おいしい食事でお腹がいっぱいになり、満たされた気もちで眠りにつく。こうした日常のなかでの「豊かな経験」を脅かし、乳幼児の発達を疎外するような「物理的な環境」は、急ぎ改善しなくてはならない。

（2）人的環境がもたらす影響

「自己実現」は、われわれ人間がもつ欲求のなかでも、究極のものであるとされる。現代人にとっての「自己実現」とは、「こうありたい」と願うこと、「自分らしく感じ、考え、行動したい」と思うことであり、具体的には、社会成員として「自分の能力や技術を発揮すること」であるといえる。しかし、それは、父親・母親役割として社会から要請されるものと対立し、強い葛藤を経験させることがあるとされる。

一方、誕生間もない時期から、泣き、微笑、注視といった非言語的シグナルが、子どもの側から大人の側へと発せられる。この「信号行動」は、そのシグナルに応える形での養育行動を大人から引き出す。子どもが感じている「不快」を「快」へと転換するための行動を繰り返させ、また、微笑に微笑みで応えさせ、注視には、近接行動をとらせる。こうした感情的交流を基盤とする継続的なやりとりを通して、子どもの内側には、「基本的信頼感」が芽生え、アタッチメント（愛着）が形成され、自分には環境にうまく対処できる能力があるのだという自信としての「コンピテンスの感覚」がもたらされる。以上が示唆するのは、子どもから大人へ発せられる「欲求や意図が込められたシグナル」に対して、養育者がそれにふさわしい感情をもって応え続けることの重要性である。

一方、かつて、母親の内側には、「親である私」と「私である私」とがあり、子育てそのものや子どもへの否定的・消極的感情としての育児不安は、「私個人の生を生き抜こうとする女性」、すなわち、自己実現を希求する母親が抱える苦悩として論じられ、議論された。そうした議論から30年ほどが経過した現在も、子育てと自己実現との両立がむずかしい状況や、苦悩は続いているのだろうか。そして、そのことが、子どもを産み育てることを消極的にさせる一因になっているのだろうか。

今もなお、「自己実現」と「子育て」とが、優先順位をつけなくてはならないような関係にあり、どちらかを選ぶと、どちらかをあきらめなくてはならないといった関係であり続けているのだとするならば、そうした関係性を無くすための支援こそが求められる。さらには、子どもとの日常にかけがえのない価値を実感し、子育て自体が、自らの内発的な動機づけによる「自己実現」として認識できる支援のあり方が望まれる。なぜなら、それは、とりもなおさず、人的環境としてのキー・パーソンである養育者が、乳幼児が発する「欲求や意図が込められたシグナル」に対して、ふさわしい感情をもって応え続けるといった「養育行動」を保障することこそが、子育ての現場である「家庭」への支援における「要」であるからである。

さらに詳しく学ぶ

「遺伝」と「環境」

人間の発達に重要な影響を及ぼすのは、「遺伝（氏）」なのか、「環境（育ち）」なのか、という問題については、これまでにさまざまな説が唱えられてきた。それらの説は、遺伝・成熟要因を重視する成熟優位説、環境・学習要因を重視する環境説、両要因の相互作用を説く相互作用説に大別されるが、これらの説にはいろいろなバリエーションの理論を加えることができる。そこで、「遺伝と環境」の問題を考えるうえで示唆を与える諸説を取り上げる。

①ゲゼルの「成熟優位説」

発達的変化の規定要因としては、成熟と学習の両要因があげられるが、このうちの成熟要因の優位性を強調するのが、「成熟優位説」といわれるものであり、その代表者はアメリカの心理学者・小児科医のゲゼルである。

ゲゼルは、「双生児統制法」と呼ばれる独自の方法を用いて、一卵性双生児を対象に、階段のぼりについて訓練と成熟を対比させる実験を行った。この実験では、双生児の一方のみに階段のぼりの訓練がなされるという方法がとられた。その結果は、訓練を受けた子どもは、訓練を受けなかった子どもに対して、一時的にはよい成績を残すことができたが、一定の時を過ぎると双生児の間にあった差はなくなるというものであった。このことからゲゼルは、訓練が効果を発揮するためには、内的神経生理的な準備の状態、すなわちレディネスがなければならないことを主張した。

こうした成熟優位説に従えば、発達段階での新しい行動は、環境や教育といった外的条件によって一方的にもたらされるのではなく、その行動を発現させるに十分な準備状態、つまりレディネスを前提条件としており、したがって内的な要因に大きく依存しているといえる。このレディネスという考え方は、学習理論や教育理論に大きな影響を与えることになるのである。

②ローレンツの「臨界期」

オーストリアの動物行動学者ローレンツは、ガンやカモなどの離巣性の鳥類が、孵化(ふか)した直後に最初に見た生物を親と思い、後追いなどする行動を刷り込みと名づけ、こうした「刷り込み」は、通常の学習とは違って、臨界期と呼ばれる生後初期のある短い期間に限られるとした。

「臨界期」とは、刺激と反応の連合が最も容易に起こる特定の時期のことで、通常は生後初期ないしは発達の初期段階である。この時期に学習されたことは永続的であるが、他方で、この時期に学習しなければ、その後では学習ができなくなる。このことは学習における内的要因の重要性を意味している。なお、「臨界期」の概念は、初期学習のみならず、親子の相互認知やアタッチメント（愛着）形成とも深くかかわっている。

③モンテッソーリの「敏感期」

ローレンツの「臨界期」は生後初期の短い期間に限られているが、これに対して、こうした期間を限定せずにより緩やかにとらえようとするのが、敏感期という考え方である。「モンテッソーリ法」で有名なイタリアの教育家・医学博士のモンテッソーリは、この「敏感期」に注目した。この時期は、発生的に決められている一定の期間ではあるが、この時期になると、子どもは、ある特定のことに非常に興味・関心をもち、集中して同じことを繰り返し、それをものにすることができるようになるとした。

モンテッソーリは、知的障害児教育の研究成果から、独自の感覚教育の方法を開発し、3～6歳の幼児たちの収容施設「子どもの家」を組織して、子どもの自己発展の援助と環境構成に重点を置いた実践活動を展開した。「敏感期」に注目するところから、子どもの知的発達の過程における感覚の敏感な時期を重んじ、訓練のために「モンテッソーリ教具」を発案するなどして、保育や幼児教育の領域にも大きな影響を与えてきている。

④ワトソンによる「環境説」

いわゆる「環境説」の代表者として名前があげられるのが、アメリカの心理学者ワトソンである。ワトソンは、心理学研究において、従来までの意識を対象にした内観法を批判し、客観的に観察できる行動のみを対象にして、その刺激と反応の関係を研究すべきことを主張し、行動主義を提唱するなど、その後の行動心理学の発展に大きな影響を与えた。

行動を刺激と反応で説明しようとするワトソンの立場は、発達や学習において環境要因を決定的に重視することになる。彼は、1ダースの健康な乳児と適切な環境さえ与えてもらえれば、医者でも泥棒でも、とにかくどのような人間にも育ててみせる、といったことを述べたとされているが、このよく引き合いに出される言葉に、「環境説」が典型的に表現されているといえる。

⑤シュテルンの「輻湊説」

発達を規定する要因について、ゲゼルは遺伝・成熟要因を、ワトソンは環境・学習要因を重視しているが、これに対してドイツの心理学者シュテルンは、発達は一方の要因だけによるものではなく、両要因が結びつき、1つになって働き合うことによって生じるとして、「輻輳説（ふくそうせつ）」を唱えた。「輻輳」とは、車輪の放射状の矢（「輻」）が軸に集まることを意味しており、両要因が「集まる」ところから、「輻輳説」といわれるのである。

輻輳説は、「遺伝か環境か」ではなく、「遺伝も環境も」という立場に立ち、遺伝・成熟要因と環境・学習要因を二者択一的ではなく、総合的にとらえることによって、それまでの一方に偏った説を克服するものであった。その後にさまざまに提唱される「相互作用説」の先駆をなすものとしての意義をもっている。

⑥ジェンセンの「環境閾値説」

アメリカの心理学者ジェンセンは、知能の遺伝規定性と人種差の関係を取り上げた論文が人種差別主義と見なされ、社会的なセンセーションを引き起こしたことで、その名が知られているが、心理学の研究分野では優れた業績を残しており、その1つが環境閾値（いきち）説である。

「閾値」とは、何かの反応を起こさせる最小限の刺激値のことである。たとえば、食べ物を味わうことを考えてみた場合、最初に少しだけ口に入れてみてもほとんど味はしないが、少しずつ量を増やしていけば、そのうちにある段階でその食べ物の味がわかるようになる。この味覚の反応を起こさせる最小限の値が「閾値」である。このように、人間の発達におけるそれぞれの特性も、それが発現する「閾値」があって、環境の条件がその閾値を超えた場合にはじめて発現が可能になる。シュテルンの「輻輳説」では、成熟要因と環境要因が独立的に考えられているのに対して、「環境閾値説」は、両要因を相互浸透的にとらえるところに特色がある。

⑦ヴィゴツキーの「発達の最近接領域」

旧ソビエト連邦（現ロシア）の心理学者ヴィゴツキーは、ピアジェのような社会的条件を捨象した発達理論に対して、環境的・社会的要因を決定的に重視する発達理論を展開し、教育と発達の関係について、発達が教育を規定するのではなく、教育が発達を規定するという立場から、それにかかわって発達の最近接領域ということを主張した。

ヴィゴツキーによれば、子どもの知的発達には2つの水準、すなわち、自身の力で問題を解決することができる水準と、援助者の支援によって問題を解決することができる水準がある。この2つの水準の差の範囲が「発達の最近接領域」である。したがって、教育は、子どもの「発達の最近接領域」に働きかけるとともに、「発達の最近接領域」をつくり出さなければならないということになる。

⑧ブロンフェンブレンナーの「生態学的環境モデル」

モスクワ生まれのアメリカの発達心理学者ブロンフェンブレンナーは、子どもの発達に関する生態学的システム理論を提唱し、子どもの発達を子どもと子どもを取り巻く環境との相互作用からとらえようとして、生態学的環境モデルという独自のモデルを提示した。

この「生態学的環境モデル」においては、環境が「マイクロシステム」「メゾシステム」「エクソシステム」「マクロシステム」の4次元的な階層に分けられている。「マイクロシステム」は直接経験する場や人間関係、「メゾシステム」は複合したマイクロシステム、「エクソシステム」は間接的な影響を与える環境、「マクロシステム」は文化や信念体系などを、それぞれ指している。このモデルは子どもの発達と環境との関係を包括的に示したものといえる。

⑨レヴィンの「場の理論」

ドイツ生まれで、ドイツと後にアメリカで活躍した心理学者レヴィンはゲシュタルト心理学の確立に貢献し、動機や情緒などの研究で優れた業績を残した。その後、社会心理学に場の理論を導入し、社会的風土や集団決定などに関する実験心理学的研究に取り組み、グループ・ダイナミクスの基礎を築いた人物である。

このレヴィンが提唱したのが、心理学における「場の理論」であるが、それは、人の行動を人と環境との相互作用でとらえようとするものである。この理論は、基本的にはB＝f (P,E) という公式で表現される。人の行動（B：Behavior）は、人（P：Personality）と環境（E：Environment）の双方の関数（f：Function）として決定されるというわけである。

復習ワーク

1. 動植物に出会うこと、触れることの重要性について説明してみよう。
2. 「異年齢」の子ども同士のかかわりの重要性について説明してみよう。
3. 家庭での「生活リズムの乱れ」に気づいた場合、保育者として、どのような支援が考えられるかについてまとめてみよう。

第 8 章

子どもの心の健康にかかわる問題

この章のねらい

子どもの心の健康は、子どもの成長・発達においてきわめて重要な意味をもっている。しかし、子どもの心の健康については、それを阻害するさまざまな問題の発生が考えられるため、そうした問題に対処し、子どもの心の健康を保つことが重要な課題となる。本章では、子どもの心の健康や病気、事故や災害に遭遇した子どもの心の健康状態や支援、さらには、ストレス理論におけるコーピングによる子どもの心理支援などについて学び、考える。

この章の構成

授業までの準備 … p.88

① 事例を読んで、子どもの心の健康に影響を与えるものについて、どのようなものがあるか考えてみよう。
② 子どもの心の不調は、どのような状態やサインとして表れるか具体的にあげてみよう。

授業で学ぶこと

基本を学ぶ … p.89

① 子どもの心の健康とストレス
② 事故や災害と子どもの心の健康
③ 子どもの心の病気と心の健康への支援

さらに詳しく学ぶ … p.94

コーピング

復習ワーク … p.95

① 子どもの心の健康とストレスについてまとめてみよう。
② 事故や災害に遭遇した子どもの心の健康についてまとめてみよう。
③ 子どもの心の病気と心の健康の支援についてまとめてみよう。

授業までの準備 —子どもの心の健康についてのさまざまな問題—

以下は、学生と教員の会話である。

学生：最近ニュースで、子どもの心の健康についていろいろと問題があると聞きました。どのようなことがあるのでしょうか。

教員：子どもは大人以上に環境に敏感で、影響を受けやすいので、劣悪な環境だと、それが子どもの心の健康に悪影響を及ぼしやすいのです。特に家庭環境は、虐待や貧困の問題があったり、孤立した子育て環境であったりすると、子どもの心の健康に深刻な影響を及ぼすことになります。

学生：そうなんですか…。環境が子どもの心の健康に重大な影響を与えるのであれば、自然災害などにより、大きな環境の変化があった場合はどうなのですか。

教員：事故や災害によって被害を受けた子どもは、トラウマと呼ばれる心の傷を負ってしまうことがあります。恐怖や苦痛、怒りや哀しみ、無力感などの感情に襲われ、パニック状態になったりします。また、事故や災害によらなくても、子どもも日常的にストレスを感じていますし、場合によっては、心の病気になったりもします。

学生：子どもの心の健康の悪化は、どうしたらわかりますか。

教員：子どもの心の不調は行動に表れることがあります。イライラしたり、食欲がなくなったり、お腹が痛くなったり、要するにサインですね。

学生：ありがとうございました。子どもの健やかな成長をサポートできる保育者になるためにも、子どもの心の健康に関するさまざまな問題について、またその対応や支援について勉強したいと思います。

? 考えてみよう

1 子どもの心の健康に影響を与えるものについて、どのようなものがあるか考えてみよう。

2 子どもの心の不調は、どのような状態やサインとして表れるか具体的にあげてみよう。

基本を学ぶ

1 子どもの心の健康とストレス

子どもの心の健康のとらえ方や子どものストレスについて学ぼう。

（1）子どもの心の健康とそのとらえ方

心の健康とは、単に病気でないということだけでなく、「いきいきと自分らしく生きるための重要な条件」[1] であるといわれている。このことは子どもの心の健康についてもあてはまる。心の健康は、その子どもらしく、いきいきと生きることができるための条件であり、子どもの成長過程において極めて重要な意味をもっている。

子どもの心の健康を考えるにあたっては、子どもが大人以上に環境に敏感で影響を受けやすいという点から、環境要因との相互作用をふまえる必要がある。特に、虐待や貧困、周囲から孤立している子育て家庭などといった家庭環境は、子どもの心の健康を阻害する主要な要因となっている。したがって、子どもの心の健康については、子どもの心に向き合うとともに、そうした阻害要因を取り除き、どのように心の健康を維持し、増進するかが重要な課題となってくる。

（2）子どものストレス

ストレスとは、「一般的に、身体的あるいは精神的な健康に有害であると知覚された出来事を経験すること」[2] を指している。これらの出来事はストレッサーと呼ばれ、その人のストレッサーへの反応はストレス反応と呼ばれる。

大人と同様に子どももまた、家庭生活や園生活において、さまざまなストレッサーのなかで生活している。子どもがストレス状態にあることは、心の不調を訴えるサインによって知ることができる。表8-1は、「ストレスのサイン」の代表的なものである。

子どもの心の健康状態を把握するためには、まず子どものストレス反応としての心の不調のサインをキャッチし、それを理解する必要がある。保育者は、そうした理解を保護者と共有し、互いに協力して、ストレスを解消したり緩和したりするための対応や支援をしなければならない。

表8-1 ストレスのサイン

心のサイン	身体のサイン
●不安や緊張が高まって、イライラしたり怒りっぽくなったりする ●ちょっとしたことで驚いたり、急に泣き出したりする ●気分が落ち込んで、やる気がなくなる ●人づきあいが面倒になって避けるようになる	●肩こりや頭痛、腹痛、腰痛などの痛みが出てくる ●寝つきが悪くなったり、夜中や朝方に目が覚めたりする ●食欲がなくなって食べられなくなったり、逆に食べすぎてしまったりする ●下痢をしたり、便秘になりやすくなったりする ●めまいや耳鳴りがする

資料：厚生労働省HP「こころもメンテしよう」を基に作成

2 事故や災害と子どもの心の健康

事故や災害に遭遇した子どもの心の健康状態について理解し、保育者としての対応方法を学ぼう。

（1）事故・災害後の子どもの心への影響

事故や事件、地震や津波、土砂災害などの自然災害に遭遇した子どもの心の健康状態は深刻であり、心のケアが必要な場合も少なくない。子どもの心は、事故や災害によって被害を受けると、トラウマと呼ばれる心の傷を負ってしまうことがある。このトラウマによって、恐怖だけでなく、苦痛、怒り、哀しみ、無力感などの感情が生じ、その出来事を思い出すことやそれに関連するものを見聞きすることで、過度に不安を感じたり、パニック状態に陥ったり、激しい反応を示したりすることがある。こういった状況が長期的に持続すると、子どもの心の健康状態が悪化する可能性があるとされている。

(2) 事故・災害後の子どもの心のケア

事故や災害にあった子どもの心のケアを行う心理支援の1つとして、子どもの心理的応急処置（サイコロジカル・ファーストエイド）があげられる。表8-2は、Save the Childrenによる「自然災害などの影響を受けた子どものこころを支える5つのポイント」である。

事故や災害に遭遇した子どもの支援をする際、保育者の対応としては、子どもが日常生活に戻っていくために、特別なことよりも、被害を受ける前の生活に近い状態に近づけるよう意識的に生活設計をすることが求められる。たとえば、自然災害では、表8-2の①にあるように、「これまで行ってきた日課を続け、規則正しいリズムをつくる」ことが重視され、②にあるように、「気分をリフレッシュするために、運動や身体を動かすアクティビティ」などを取り入れることも効果的とされる。

表8-2 自然災害などの影響を受けた子どもの心を支える5つのポイント

ポイント	説明
①規則正しいリズムをつくる	可能な限り、これまで行ってきた日課を続け、毎日決まった時間に起きて、食事をとる、遊ぶ時間を決めるなど、規則正しいリズムをつくることで安心感を与えます。
②運動や身体を動かすアクティビティを行う	気分をリフレッシュするために、子どもと一緒にストレッチやラジオ体操をしてみるなど、運動や身体を動かすアクティビティを行うことでストレスを解消します。
③適度なスキンシップを大切にする	いつもよりも頻繁に抱っこなどのスキンシップを必要とする子がいたら、子どもと一緒に手遊び歌をするなどを、普段より意識して接することで子どもの安心につながります。
④子ども自身がコントロールできるようにする	自分のことは自分でできるということを子どもに感じてもらうために、2種類のおもちゃのうち、好きなほうを子どもが自分で選ぶなど、自己決定をうながします。
⑤子どもをつらい記憶から守る	意図的にテレビなどとの接触時間を減らし、つらい記憶を呼び起こす要因となりそうなものから子どもを守ります。

資料：公益社団法人セーブ・ザ・チルドレン・ジャパン「自然災害などの影響を受けた子どものこころを支える5つのポイント」を基に作成

運動と心理的安定の関連については、「リズミカルな筋肉運動（歩行、咀嚼、呼吸）」[3)] の重要性が強調されている。また、③にあるように、子どもが普段以上にスキンシップを求めるときには、遊びのなかにふれあい遊びや手遊び歌などを取り入れ、自然な身体接触から子どもとの適度な関係を築く配慮も重要である。④では、子どもが、自分の力ではどうにもならないと感じている状況に対して、生活場面での自己選択・自己決定から、自己コントロール感を取り戻すことが意図されている。⑤では、子どもの心の健康を守るため、インターネットなどのメディア情報から適度に距離をとることが推奨されている。

3 子どもの心の病気と心の健康への支援

子どもの心の病気について理解し、子どもの心の健康を支援する方法について学ぼう。

（1）子どもの心の病気

子どもは、園生活や家庭生活などにおいて、情緒・行動面で対処を必要とすると思われる課題を示すことがある。そうした課題に対して、日常的な対応やサポートだけでは、状況の改善が困難な場合もある。そのような場合は、「子どもの心の病気」という可能性が考えられる。保育者には、より慎重かつていねいに子どもに向き合うとともに、保護者とも十分に連絡を取り合って、場合によっては専門家に相談し、その指示に従うなどの対応が求められる。以下で、主な「子どもの心の病気」について説明する。

❶愛着障害

愛着障害は、保護者との安定した愛着関係の形成不全や、子ども虐待などによる愛着関係の形成困難に関連する心の病気であり、「抑制型」と「脱抑制型」に分類される。抑制型は「他者との安定した関係がもてず、他者に対して無関心を示すことが多い」[4)]型であり、脱抑制型は「部分的な愛着関係の状態に取り残され、他者に対して無差別的に薄い愛着を示す」[5)]型である。

日常の保育場面では、抑制型の子どもは相手に対して無関心であり、活動への参加も限定的であることが多い。一方、脱抑制型の子どもは、行動上のさまざまな課題が目立ち、誰かれ構わず非常に近い距離で身体的接触を求めたり、自分にとっての安心できる担任などが他児とかかわると、激怒して攻撃をしたりする。また、他者からの注意や批判に対して過度に反応し、暴言・暴力をふるうことや、教室の外、場合によっては園外への飛び出しなどが見られることもある。園全体や専門機関との連携が求められる場合も多いことを理解して対応することが大切である。

❷遺尿症

遺尿症とは、「ベッドや衣服に繰り返し排尿してしまうこと」であり、いわゆる夜尿だけでなく、日中の排尿の問題もある。遺尿症は、排泄習慣は昼夜を問わず自立しており、「排泄コントロールが確立すると考えられる年齢を超えても生じること」[6] および「週に数回かつ数か月にわたって遺尿が生じる」[7] ことが条件とされている。

保育者は、これまでの生活では排泄習慣が自立していたことをふまえ、本人の排泄の失敗による罪悪感を考慮して対応する必要がある。家庭生活での対応として、睡眠時には吸水マットなどの活用を保護者に勧めることや、園生活での排泄の成功や失敗についての記録や生活場面での経過観察を通して、本人の気持ちに寄り添った援助をすることが求められる。

❸睡眠時遊行症、睡眠時驚愕症

幼児期の睡眠は10～12時間程度で、連続して睡眠をとることができるようになる。しかし、何らかの要因により睡眠の課題が発現することがある。

睡眠時遊行症は、睡眠時に突然起き上がり、周囲を歩き回る症状が見られるものである。睡眠時驚愕症(きょうがくしょう)は、同じく睡眠時に突然起き上がり、泣いたり叫んだりする症状が見られるものである。子ども本人は起床後に当時のことを覚えていないことが多い。これらの症状は一定期間で消失することが多いため、生活場面では入眠前に子どもに対してスキンシップやゆっくりと絵本の読み聞かせをする時間を意識的に設けるなどの対応を行い、経過観察をしながら支援することが望ましい。

❹チック

幼児期のチックは、不随意の発声などの音声表出（音声チック）や、まばたきなどの筋肉の動き（運動チック）で、一時的で無害なことが多い。素早い動きの単純チックと、ゆっくりとした発現の仕方をする複雑チックがある。ほとんどのチックは自然に消失するが、長期間続く場合や日常生活に影響がある場合は、医師等の専門家と相談することが重要である。

❺分離不安症

子どもが保育施設の送迎時に、親と離れることに不安を感じて泣き叫んだり、情緒的に不安定な状態に陥ったりすることは、保育施設をはじめて利用する際によく見られる現象である。このような不安定な状態は、保育者との関係形成、教室や園庭などの環境への慣れ、生活の見通しをもつことなどにより、一定期間が経過すると消失することが多い。しかし、医学的には「恐怖または不安は発達上正常と考えられる範囲を超えて」[8] おり、「少なくとも数か月間持続」[9] しても改善が困難な場合には、分離不安症と診断されることもある。親子分離に際しては、子どもの状態に合わせて、保護者と相談しながら、子どもにとって安心できるような分離方法を取り入れ、対応していくことが望ましい。

（2）子どもの心の健康への支援

ストレス反応、事故・災害によるトラウマ、心の病気など、子どもの心の健康における負の側面はさまざまであるが、こうした負の側面に対処し、子どもの心の健康を図っていくためには、そのための支援が必要になる。保育者が行う子どもの心の健康への支援には、子どもの行動観察やアセスメント、安心できる環境の提供、保育を活用した援助などがある。保育者は、子どもとの対話を重視し、一人ひとりの子どもの出来事の受け止め方やその対処の仕方について、子どもの身になって理解する必要がある。

また、日々の保育における絵画や製作などの表現活動にも、子どもの心の状態が反映されることもある。状況に応じて、園外の専門職との協働を検討することも考える。さらに、保護者と連携して、子どもの健やかな育ちのために、子どもの心の健康にともに取り組むチームの一員として、支援に当たることが重要である。

さらに詳しく学ぶ

コーピング

コーピングとは、ラザルスらにより提唱された概念で、ストレスによりつくり出された「不快な緊張から解放されることを目的とした行動（認知活動や情動の調整などを含む）をとること」[10] を意味している。また、「何らかのストレッサーが起こり、それが個人にとって脅威であると認知された状況、すなわちストレス状況を克服するための適応行動」[11] のことである。

図8-1は、岡安がラザルスらの理論を参考にして作成した「心理的ストレ

図8-1 心理的ストレスモデル

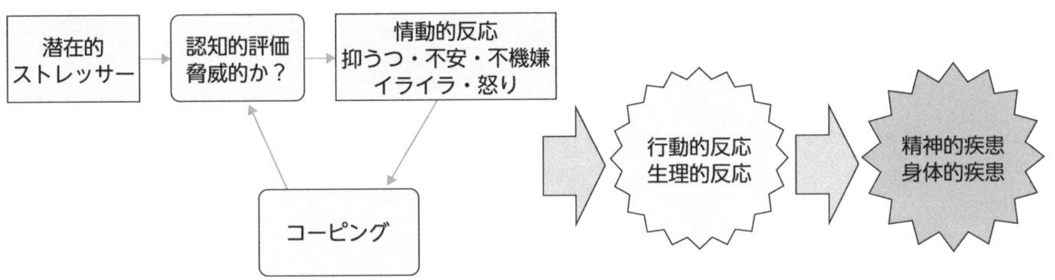

出典：岡安孝弘「子どものストレスとコーピングの特徴」『小児看護』第26巻第8号、p.967、2003年

スモデル」である。

図8-1のモデルによると、日常生活で遭遇する出来事がストレッサーになるかどうかは、その人がその出来事や要求をどのように評価するかによって決まる。この評価、つまり「認知的評価」によって、その出来事はストレッサーになったり、ならなかったりするのである。認知的評価の結果、脅威であると評価されると、抑うつや不安、不機嫌、イライラ、怒りなどのネガティブな情動的反応が生じることになる。このネガティブな情動的反応を軽減するために行う対処がコーピングである。

ラザルスらは、コーピングを「情動的な苦痛を低減させるための情動焦点型コーピング（emotion-focused coping：回避、静観、気晴らしなど）」と「外部環境や自分自身の内部の問題を解決するためになされる問題焦点型コーピング（problem-focused coping：問題の所在の明確化、情報収集、解決策の考案やその実行など）」の2種類に分類している[12)]が、子どものコーピング研究では、これらに「ソーシャルサポート利用型のコーピング」や「気分転換・気晴らし型コーピング」が加えられることもある。こうしたことから、子どものコーピングでは、情動焦点型コーピング、問題焦点型コーピングに加えて、周囲からの援助などのソーシャルサポートと関連したコーピングが注目されている。

復習ワーク

1. 子どもの心の健康とストレスについてまとめてみよう。
2. 事故や災害に遭遇した子どもの心の健康についてまとめてみよう。
3. 子どもの心の病気と心の健康の支援についてまとめてみよう。

引用文献

1) 健康日本21企画検討会・健康日本21計画策定検討会「21世紀における国民健康づくり運動（健康日本21）について 報告書」2000年
2) 藤生英行「子どものストレス・コーピング――いま、何が問題か」『児童心理』第64巻第17号、p.1、2010年
3) 神山潤「眠りの基礎知識――最近話題の低セロトニン症候群も含めて」『東京家政大学附属臨床相談センター紀要』第5巻、p.14、2005年
4) 杉山登志郎『子ども虐待という第四の発達障害』学習研究社、p.28、2007年
5) 4）に同じ、p.29
6) 森野百合子「ICD-11「精神、行動、神経発達の疾患」分類と病名の解説シリーズ：各論(8)ICD-11における排泄症群の診断について――ICD-10との相違から考える」『精神神経学雑誌』第123巻第11号、p.769、2021年
7) 6）に同じ、p.770
8) 藤井泰・朝倉聡「ICD-11「精神、行動、神経発達の疾患」分類と病名の解説シリーズ：各論(15）不安又は恐怖関連症群」『精神神経学雑誌』第124巻第6号、p.412、2022年
9) 8）に同じ、p.412
10) 鈴木伸一・神村栄一「コーピングとその測定に関する最近の研究動向」『ストレス科学』第16巻第1号、p.51、2001年
11) 中西信男・古市裕一・三川俊樹『ストレス克服のためのカウンセリング』有斐閣、p.29、1993年
12) 中島義明・子安増生・繁桝算男・箱田裕司・安藤清志・坂野雄二・立花政夫編『心理学辞典』有斐閣、p.276、1999年

第 9 章

子育てを取り巻く社会的状況

この章のねらい

新しい命が誕生することは喜ばしいことであり、少子化が進むわが国において社会全体で子育てを支えていくことは重要である。しかし、若い世代にとって結婚、出産、育児を取り巻く環境は依然厳しい。本章では、コロナ禍を含む少子化や子育ての実態と課題について学び、考える。

この章の構成

授業までの準備 —私たちにとっての結婚、妊娠、出産、子育て—

以下は、大学生3人の会話である。

のぞみ：次の授業は「子育て家庭を取り巻く社会的状況」かぁ。

あすか：私の友だちは20歳代前半、遅くとも20歳代のうちに結婚して、若いママになりたい人が多いなぁ。

のぞみ：私もそう！　でも、実際は30歳代で結婚していない人も多いよね。

あすか：私は子どもが3人ほしいし、結婚相手の収入は大事かな。

しょう：男性の収入に頼ろうなんて、時代遅れの考えだよ。男女平等だよ。

あすか：そうは言っても、家事・育児の負担は女性のほうが大きくない？

しょう：今もそうなの？　最近はお父さんが一人でベビーカーを押しているのもよく見かけるけど。男性の育児休暇も取りやすくなったらしいよ。

のぞみ：ところで、現実的に考えて自分が親になれるのかなって思うときはない？

あすか：わかる…。赤ちゃんが生まれて、今日からお母さんねって言われても…。

しょう：友だちは高校卒業後すぐに子どもができて、幸せそうな写真をSNSにあげているけど。本当のところ、困ったりしていないのかなぁ…。

? 考えてみよう

1 結婚・妊娠・出産・子育て・仕事などあなたの望むライフプランについてできるだけ具体的に書いてみよう。

2 親や周りの人に子育て中に楽しかったこと、不安だったこと、困ったことについて聞き、わかったことを書いてみよう。

基本を学ぶ

1 少子化の実態

わが国で生まれる子どもの数がどれほど減っているのか、少子化の現状とその3大要因について学ぼう。

（1）出生数の減少

国立社会保障・人口問題研究所の「日本の将来推計人口（令和5年推計）」によると、2020（令和2）年時点で1億2615万人の人口は2065（令和47）年には9159万人になると推測されており、生まれる子どもの数は現在の約半数になると考えられている。このことから、結婚や出産は個人の問題であると同時に、社会の問題でもあるといえる。

日本の出生数の減少について表9-1に示した。最も子どもが多く誕生したのは1949（昭和24）年で、1947（昭和22）年から1949（昭和24）年を第一次ベビーブームという。この第一次ベビーブームの世代が出産時期を迎えた1973（昭和48）年をピークとして、第二次ベビーブーム（1971（昭和46）年から1974（昭和49）年）も起こった。しかし、第二次ベビーブーム世代による第三次ベビーブームは到来せず、1973（昭和48）年生まれの人は2023（令和5）年現在、50歳になっている。

以後、出生数は、産む世代の減少もあり、2016（平成28）年には100万人を下回り、そのわずか3年後の2019（令和元）年には90万人を下回った。そして「令和3年人口動態統計（確定数）の概況」によると2021（令和3）年の出生数は約81万人で、驚異的なスピードで生まれる子どもの数が減少している。

表9-1 わが国の出生数の経緯

年	出生数	特徴
1949（昭和24）年	約270万人	第一次ベビーブームピーク
1973（昭和48）年	約209万人	第二次ベビーブームピーク
2016（平成28）年	約98万人	はじめて出生数が100万人を下回る
2019（平成31／令和元）年	約86万人	2016（平成28）年に100万人を下回ってからたった3年で90万人を下回る
2021（令和3）年	約81万人	少子化が進行しているが、一方で30～40歳代の出生率は上昇している

資料：内閣府『令和元年版少子化社会対策白書』2022年を基に作成

（2）少子化の3大要因

少子化の3大要因は、未婚の増加、晩婚化、夫婦の最終的な子どもの数を示す完結出生児数の減少であり、なかでも少子化の最大要因は未婚の増加であるといわれている。

表9-2で示したとおり、50歳時の未婚割合（50歳まで一度も結婚したことのない人）は、1970（昭和45）年では、極めて少なかったのに対し、2015（平成27）年には男性の約4人に1人、女性の約7人に1人にまで上昇している。2040（令和22）年には男性の約3人に1人、女性の約5人に1人が50歳時点で一度も結婚したことがない状況になると予想されている。日本では、はじめから結婚せずに子どもを育てる人は少なく、婚姻件数の減少は少子化に直結している。

表9-2 50歳時の未婚の実態と今後の予測

年	男性	女性
1970（昭和45）年	1.7%	3.3%
2010（平成22）年	20.1%	10.6%
2015（平成27）年	23.4%	14.1%
2040（令和22）年（予測値）	29.5%	18.7%

資料：内閣府『令和元年版少子化社会対策白書』2021年を基に作成

『令和4年版少子化社会対策白書』によると、日本では晩婚化が顕著で、約50年前の1975（昭和50）年の平均初婚年齢は夫27.0歳、妻24.7歳だったが、2019（平成31・令和元）年には夫31.2歳、妻29.6歳と、男女ともに平均して5年ほど遅くなっている。晩婚化により、必然的に女性が第一子を産む年齢も上昇しており、1975（昭和50）年には女性の第一子出産時の平均年齢は25.7歳であったが、2011（平成23）年以降は30歳を超えており、初産の年齢は50年の間に約5歳上昇している。全出産の4人に1人は35歳以上である。

国立社会保障・人口問題研究所の「第16回出生動向基本調査」によると夫婦の完結出生子ども数（最終的な平均出生子ども数）は、1970年代から2002（平成14）年まで2.2人前後で推移していたが、その後減少し、2021（令和3）年には1.90人となっている。対して、2021（令和3）年の夫婦の「理想子ども数」は平均2.25人、「予定子ども数」は平均2.01人であり、予定や理想より実際に生まれる子どもの数は少ないという問題がある。不妊の心配をしている（していた）夫婦も3組に1組を超えており、子どものいない夫婦では半数以上にのぼっている。

2 子育ての実態

現代の母親や父親は子育てについてどのように感じているのか。何が育児の負担になるのか。共働きや家族形態の多様化が進むなかで夫婦の家事・育児分担の実際についてデータから学ぼう。

（1）親の子育ての喜びと不安や悩み

図9-1に示すとおり、親が子育てをしていてよかったと感じるのは、「子供が喜んだ顔を見るとき」や「子供の成長を感じるとき」であり、多くの親が子どものポジティブな反応や成長に喜びを感じていることがわかる。

一方、図9-1と同じ調査において、子育てに関して悩みや不安を「いつも感じる」「たまに感じる」と回答したのは、女性で76.4%、男性で61.8%となっており、多くの親が子育てに悩みや不安を抱えていること、また、母親のほうが父親よりも子育てについて悩みを感じていることがわかる。

子育ての具体的な悩みや不安は、多い順に「子供の生活習慣の乱れについて悩みや不安がある」「しつけの仕方が分からない」「子供の健康や発達について悩みや不安がある」となっている（図9-2）。

図9-1 親が子育てをしていてよかったと感じるとき（回答は2つまで）

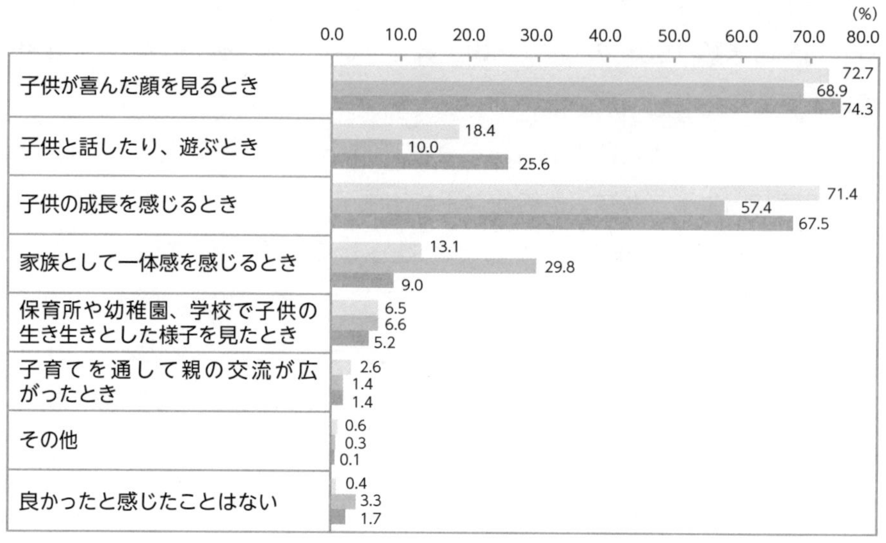

出典：文部科学省『令和2年度「家庭教育の総合的推進に関する調査研究～家庭教育支援の充実に向けた保護者の意識に関する実態把握調査～」報告書』p.37、2021年

図9-2 子育てについての悩みや不安の内容

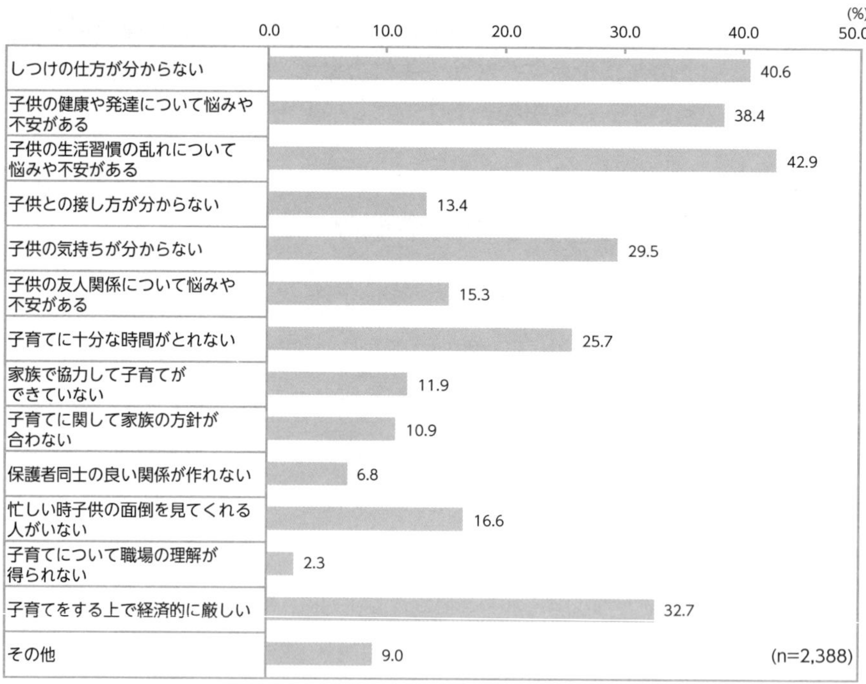

※1～3番目の回答を複数回答として集計したため、各選択肢の割合を合計しても100とはならない。

出典：文部科学省『令和2年度「家庭教育の総合的推進に関する調査研究～家庭教育支援の充実に向けた保護者の意識に関する実態把握調査～」報告書』p.43、2021年

横浜市の調査では、74%の母親がはじめて子どもが生まれるまでに赤ちゃんの世話をしたことがないと回答していて[1]、経験や知識がなく、「わからない」ことが悩みや不安につながっていると考えられる。わからないことがあったとき、現代ではインターネットで情報を検索することが多いが、これが不確かな情報にふり回されることにもつながっている。

また、悩みや不安で4番目に多いのは「子育てをする上で経済的に厳しい」であり、経済的な不安や悩みを抱えている親は30%を超えている。

(2) 地域社会で子育て家庭を支える必要性

子育てに対する地域の支えの重要性について尋ねた調査では、「重要だと思う（「とても重要だと思う」と「やや重要だと思う」の合計)」が70.0%となっているが、実際は地域から孤立している親が少なくない[2]。

NPO法人子育てひろば全国連絡協議会は、自分の育った市町村以外での子育てを「アウェイ育児」と名づけ、72.1%の親がアウェイ育児の状態であることを明らかにしている。このうち近所に子どもを預かってくれる人がいない（つまり地域の支えがない）と回答した人は71.3%で、この数値は自身の生まれ育った市町村で子育てをしている人の倍以上である[3]。

(3) 母親と父親の育児の役割分担

『令和4年版少子化社会対策白書』によると、多くの場合、家事・育児の負担が大きいのは妻であり、6歳未満の子どもをもつ妻の家事・育児関連時間が1日当たり平均7時間34分であるのに対し、夫は平均1時間23分となっており、男女で大きな差がある。これは夫が家事・育児を「しない」ことを示しているのではなく、「できない」状況にあるともいえる。日本では週60時間以上の長時間労働（週5日勤務として1日12時間以上働いている状態）の男性は2005（平成17）年以降減少傾向にあるが、2021（令和3）年度においても、30歳代では9.9%、40歳代では10.4%であり、定時に帰って子育てが「できない」状態にある。

3　さまざまな子育て支援制度やサービス

子育て家庭を支えるためにどのようなサービスや仕組みがあるのか、教育・保育、地域子ども・子育て支援、母子保健制度による子育て支援について学ぼう。

（1）教育・保育

2015（平成27）年4月から、子ども・子育て支援新制度が施行され、教育・保育を中心とした子育て家庭を支援する仕組みが整理され、支援の質と量の拡充がめざされた。

就学前の保育・教育施設は、①保育所（0歳から小学校入学前の保育を必要とする子どもが利用）、②幼稚園（主に3歳児から小学校入学前の保育を必要としない子どもが利用）、③認定こども園（幼稚園と保育所の機能をあわせもった施設）と、新設された④地域型保育の4種類となった。どの施設を利用するかは、それぞれの家庭の状況と子どもの年齢で異なるが、認定こども園など、家庭の状況にかかわらず利用できる施設への移行が推進され、待機児童の多い0歳から2歳児向けの小規模保育施設が新たに認可施設となったことが特徴である。2019（令和元）年10月には、3歳児以上の幼児教育、保育の無償化が導入され、保育の需要はさらに高まっている。

（2）地域子ども・子育て支援

2021（令和3）年度の厚生労働省子ども家庭局「保育を取り巻く状況について」によると、保育利用率は年々増加しているが、2019（平成31・令和元）年度では0歳児の84％、1歳児の55％、2歳児の49％が保育サービスを利用していない。在宅で子育てをしている母親への地域子ども・子育て支援も必要であり、子ども・子育て支援法には、13の地域子ども・子育て支援事業が示されている。なかでも、主に未就園児の親の子育てを支援している事業について説明する。

❶**利用者支援事業**　子育てをしていて、自分に必要な支援は何か、地域にどのような子育て支援サービスがあるのかを知ることは容易ではない。そこで、利用者支援専門員が保護者の相談にのり、利用者と子育て支援サービス

をつなぐ役割を担っている。

❷**地域子育て支援拠点事業**　地域子育て支援センターや児童館などに、親子が自由に訪問し、わが子と遊んだり、スタッフや他の親子と交流ができる場所を設け、各種イベントや講座の開催、子育ての相談受付などを行っている。多くの未就園児の親にとって心強い場所である。

❸**乳児家庭全戸訪問事業（こんにちは赤ちゃん事業）**　生後4か月までの乳児のいるすべての家庭を、保健師、助産師、保育士、民生委員など（地域によって異なる）が訪問し、子どもの発達や親の悩みについて把握する。実際に、95％程度の親が乳児家庭全戸訪問を受けている。孤立しやすい時期にこのような訪問があることは親の支えになっている。

❹**養育支援訪問事業**　支援が必要な家庭に保健師、助産師、保育士などが家庭訪問し、子どもの養育方法について助言・指導を行ったり、育児や家事を手伝ったりする。

❺**子育て短期支援事業**　親による養育が一時的に困難な状況（病気で入院する、一時的に子育てに疲れて子どもと離れたいなど）となった場合、乳児院、児童養護施設、里親などのもとで子どもを預かる。予防的に子育て短期支援事業を利用することをうながし、繰り返し同じ里親に子どもを委託することで、実家に支えられながら子育てをするようなかたちで実施する自治体もある。

❻**子育て援助活動支援事業（ファミリー・サポート・センター事業）**　子どもを預かってもよいという会員と子どもを預けたい会員を引き合わせ、地域で子育てをサポートする事業である。仕事の都合で保育所の閉園までにお迎えが間に合わない家庭では、サポーターに任せるなど、近所の助け合いを事業にしたものである。

❼**一時預かり事業**　一時預かり事業にはさまざまな種類があるが、なかには、未就園児を保育所や幼稚園などで一時的に預かるサービスもある。自治体によっては、何時間かのフリーチケットを各家庭に配付し、親が美容院に行くときなどに使うことができるようにしている。日中一人で子育てをしている母親にもリフレッシュは必要であり、積極的な活用が重要である。

（3）母子保健分野が担う子育て支援

母子保健分野が担う子育て支援の主なものについて説明する。

❶**母子健康手帳の交付**　妊娠がわかった女性に母子健康手帳を交付する。手

帳交付と同時に、心理・社会・経済的な状況を把握するという重要な役割を担っている。

❷妊婦健康診査の実施　病院で妊婦健診を実施し、胎児と母体の健康状態を診査する。

❸乳幼児健康診査の実施　市町村は1歳半健診と3歳児健診を行うことが義務づけられており、それ以外の時期でも必要に応じて実施する。子どもの発達だけでなく、親の育児ストレスや家庭の状況なども把握する。

❹未熟児訪問指導　助産師、保健師などが出生時の体重が2500g未満の乳児の家庭を訪問する。乳児家庭全戸訪問事業（こんにちは赤ちゃん事業）とあわせて行うこともある。

❺新生児訪問指導　保護者からの希望に応じて家庭訪問を行う。乳児家庭全戸訪問事業（こんにちは赤ちゃん事業）とあわせて行うこともある。

❻妊娠・出産包括支援事業／母子健康包括支援センター（子育て世代包括支援センターの法定化）の設置　地域で結婚・妊娠・出産、子育ての支援を包括的に行うために、2020（令和2）年度末までに全国展開がめざされていて、2020（令和2）年4月時点で、1288市区町村で実施されている[4]。

さらに詳しく学ぶ

1　コロナ禍の子育て家庭の状況と男女による家事・育児分担に向けて

『令和4年版少子化社会対策白書』によると、18歳未満の子をもつ親のコロナ禍での家事・育児時間は男女ともに20～40％の割合で増加している。また、増えた家事・育児時間の捻出方法については「自分の余暇時間を削った」「自分自身の生活に必要な時間を削った（入浴、睡眠など）」などであり、コロナ禍での子育て家庭は以前にも増して余裕がなくなっている[5]。

このように余裕がないなかで子どもをさらに授かりたいと思えるようになるには、「男性の家事・育児への参加」が重要なカギとなっている。夫が家事・育児をする家庭では第2子を授かる率が高い。そこで厚生労働省は、父親の子育て参加や育児休業の取得を促進してきた。その成果もあり、2010

（平成22）年では1.23%だった男性の育児休業取得率は、2021（令和3）年度には13.97%と上昇している。さらに2022（令和4）年4月から段階的に施行された育児休業、介護休業等育児又は家族介護を行う労働者の福祉に関する法律（育児・介護休業法）の改正では、男性の育児休業取得を促進するため、産後パパ育休（出生時育児休業）が新設された。「原則、子どもが1歳（最長2歳）になるまで」とする育休制度とは別に取得できるもので、出生後8週間以内に4週間まで取得することが可能である。

2 少子化の最大要因である未婚への対策

『令和4年版少子化社会対策白書』によると30歳時点の未婚割合は、2020（令和2）年時点で、男性は50.4%、女性は40.5%であるが、未婚の若者（18～34歳）の9割近くが結婚を希望している。未婚の若者（20～40歳代）にどのような状況になれば結婚するかを尋ねた結果、「経済的に余裕ができること」42.4%、「異性と知り合う（出会う）機会があること」36.1%の順に多かった。

女性が結婚相手に経済力を求める状況は現在も続いていて、相手に求める年収のボリュームゾーンは「400万円から500万円」である。しかし、未婚の男性の年収で最も多いのは「300万円から400万円」であり、希望と現実が合致しない。非正規雇用で働いている男性の未婚率が高いのも、そのことと関係しているといえよう。

今結婚していないのは、結婚に適当な相手にめぐり会わないからと回答した若者に具体的な内容を尋ねた質問では、「そもそも身近に、自分と同世代の未婚者が少ない（いない）ため、出会いの機会がほとんどない」が42.6%であり、うち約6割が「特に何も行動を起こしていない」と答えた。そこで、政府は結婚支援に乗り出し、AIを用いた男女の出会いのサポート事業なども実施している。

3 不妊治療に対する施策

これまで、体外受精など高度な不妊治療には医療保険が適用されず、一部助成金はあるもののそれも十分ではなかった。そのため、金銭的な問題から治療を継続できず、子どもをあきらめざるを得ない夫婦もいた。そこで

2022（令和4）年4月から不妊治療に対する公的保険の適用範囲が人工授精、体外受精、顕微授精にも拡大された。回数や年齢の制限はあるが、不妊に悩む夫婦にとっては大きな一歩となった。

また、不妊治療には仕事との両立の問題も大きい。身体の状態にあわせて急な通院が頻繁に必要な時期があり、妊娠までにかかる時間は予測できない。そのため、治療を受けながら働くには職場の理解が欠かせない。不妊体験者による、不妊体験者のためのセルフサポートグループであるNPO法人Fineによると、仕事をしながら不妊治療を経験したことのある人のうち95.6%が「両立は困難」と回答している[6)]。子育てをしている人と同様に子どもを望んでいる人に対しても社会の理解が欠かせない。

復習ワーク

1. 少子化の実態をまとめてみよう。
2. 子育ての実態をまとめてみよう。
3. さまざまな子育て支援制度やサービスについてまとめてみよう。

引用文献

1）横浜市こども青少年局「横浜市子ども・子育て支援事業計画の策定に向けた利用ニーズ把握のための調査」2018年

2）文部科学省『令和2年度「家庭教育の総合的推進に関する調査研究～家庭教育支援の充実に向けた保護者の意識に関する実態把握調査～」報告書』2021年

3）NPO法人子育てひろば全国連絡協議会「地域子育て支援拠点事業に関するアンケート調査2015 地域子育て支援拠点における「つながり」に関する調査研究事業 報告書」2016年

4）厚生労働省子ども家庭局母子保健課「最近の母子保健行政の動向」資料、2021年

5）株式会社野村総合研究所「子育て家庭におけるサービスニーズの変化：男性の家事・育児参加拡大に伴い、男性単独や夫婦でも利用しやすいサービスが求められる～新型コロナウイルス感染拡大による消費者の行動変容がICTメディア・サービス産業に及ぼすインパクトと対応策（7）家事・育児サービス～」NRIグループ　新型コロナウイルス対策緊急提言第22-07回、2020年

6）NPO法人Fineホームページ

第10章

ライフコースと仕事・子育て

この章のねらい

現代の女性の生き方は親世代と比べ、大きく様変わりしつつあるといわれている。また、多くの女性の「理想のライフコース」と「予定のライフコース」が一致しないという現象も起きている。本章では、まず女性のライフコースの実態を概観する。その後、特に女性にとって重要な選択肢である就職や結婚、それにともなう出産、仕事と子育ての両立を可能にする支援のあり方について探る。

この章の構成

授業までの準備 —自分自身の未来について考える—

以下は、3人の大学生の会話である

ひまり：次の授業は「ライフコースと仕事・子育て」かぁ。ねぇ、ライフコースって何？

めい　：言葉は聞いたことがあるけど、詳しい意味は知らないかも。自分の生き方のことかな？

つむぎ：私は保育者として数年働いて、結婚して子どもを2人生んで、歳をとったら孫の世話でもしながら穏やかな老後…が理想！　平凡かな？

ひまり：私は…、結婚はしないかも。なんか結婚って大変そう。一人のほうが気楽な気がする。子どもはかわいいけど、子育てはどうだろう。

めい　：そうだよね。今の時代、結婚なんかしなくても、一人で楽しめることもたくさんあるし。それに結婚して子どもが生まれたら、自分で自由に使えるお金が少なくなりそう！

つむぎ：そうかなぁ。私は素朴で温かい家庭に憧れるんだけど…。

めい　：それは私もそう…。でも最近、母子家庭や父子家庭も増えているよね。せっかく結婚したのに、別れてしまうのはなぜだろう？

つむぎ：あらためて考えると、幸せな人生って意外にむずかしいのかも。

ひまり：そういえば私のお母さん、先日参加した同窓会で、久しぶりに会った独身の友人の生き方にすごく憧れてた！「私も結婚なんかしなかったら、今頃バリバリのキャリアウーマンになっていたかもしれないのに」って。

めい　：なるほど…。20年後の私たち、どんなふうに生きているんだろう？楽しみね！

? 考えてみよう

1 女性の生き方は多様化しつつあるといわれるが、女性のライフコースとして、具体的にどのような選択肢があるのか調べてみよう。

2 保育者ができる具体的な子育て支援の例を、実習先の園や自治体のホームページで調べてみよう。

基本を学ぶ

1 世代による女性のライフコースの特徴

女性のライフコースは、親世代と比較して、どのように変わりつつあるのだろう。その現状について学ぼう。

(1) ライフコースとライフサイクルの違い

ライフコースとは、「年齢によって区分された生涯期間を通じての道筋」のことであり、私たちはライフコースの選択にあたって環境の影響を受けているといえる。一方、類似概念のライフサイクルは「誰もが同じような人生の道筋をたどる」ことを前提としており、環境による影響を受けにくい、共通の道筋に注目したものである[1)]。

(2) 女性のライフコースの変化の特徴

女性のライフコースの特徴として、長らく女性の就労はM字カーブを描いているといわれてきた(図10-1)。しかし、1981(昭和56)年では、典型的なM字カーブを描いているものの、2001(平成13)年、2021(令和3)年と時代が進むにつれてそのカーブは緩やかになり、ほとんど消えている。1981(昭和56)年頃は、20〜30歳代の女性は、結婚や子育てを機にいったん退職し、子育てが一段落したあと、家計を補うためにパートやアルバイトとして再び就職するというライフコースを取ることが一般的であったが、現代では子育て期であっても働き続けている人が増加していることがわかる。

国立社会保障・人口問題研究所は5年に一度、18歳以上35歳未満の未婚男女に実際の女性のライフコースではなく、「女性の理想のライフコース」「女性の予定のライフコース」「男性がパートナーに望むライフコース」について尋ねるという興味深い調査を実施している[2)]。それぞれについて「専業主婦コース」「再就職コース」「両立コース」「DINKsコース」「非婚就業コース」の5つのコースから対象者が選択した結果を示したのが図10-2である。

図10-1 女性の年齢階級別労働力率

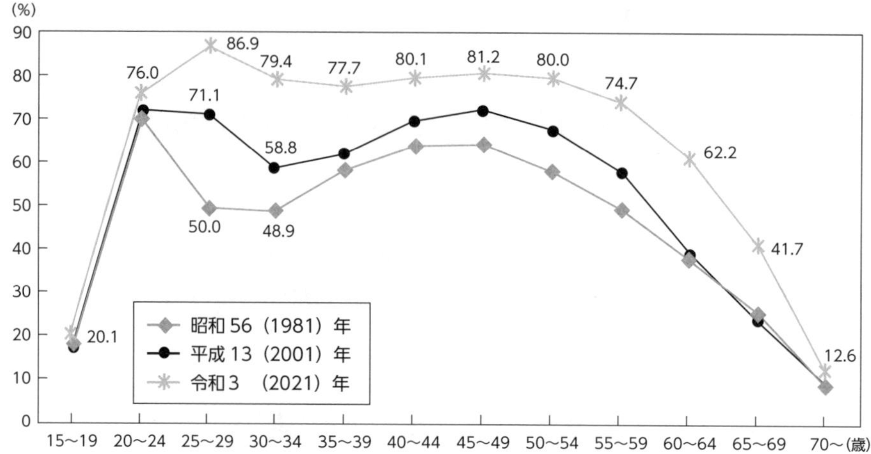

（備考）1. 総務省「労働力調査（基本集計）」より作成。
2. 労働力率は、「労働力人口（就業者＋完全失業者）」／「15歳以上人口」×100。
出典：内閣府『令和4年版男女共同参画社会白書』2022年

1987（昭和62）年から最新の2021（令和3）年にかけての変化を見てみると、①すべてのライフコースにおいて「専業主婦コース」が減少している、②「両立コース」が増加している、③女性は、子育て期も含めて何らかのかたちで働き続けることを望むようになっている、④男性もパートナーに対して「両立コース」を望む人が増えている、⑤女性が予定するライフコースとして「非婚就業コース」が2021（令和3）年調査で著しく増加している、といった特徴が読み取れる。

さらに注目したいのは、女性のライフコースに関する考えについて、若い女性だけでなく、若い男性の意識も大きく変わりつつあるということである。たとえば、福岡県人づくり・県民生活部男女共同参画推進課「男女共同参画社会に向けての意識調査報告書」（2020）[3)] によると、「男は仕事、女は家庭」という考え方にあなた自身はどの程度同感するかという質問に対して、18～29歳の男性の76.3％が「反対派」で最も多く、同年代の女性の63.5％を上回っている。男性が女性に経済力を求めるようになってきていることも見落としてはならない近年の傾向である。

図10-2 女性の理想・予定ライフコース、男性がパートナーに望むライフコース

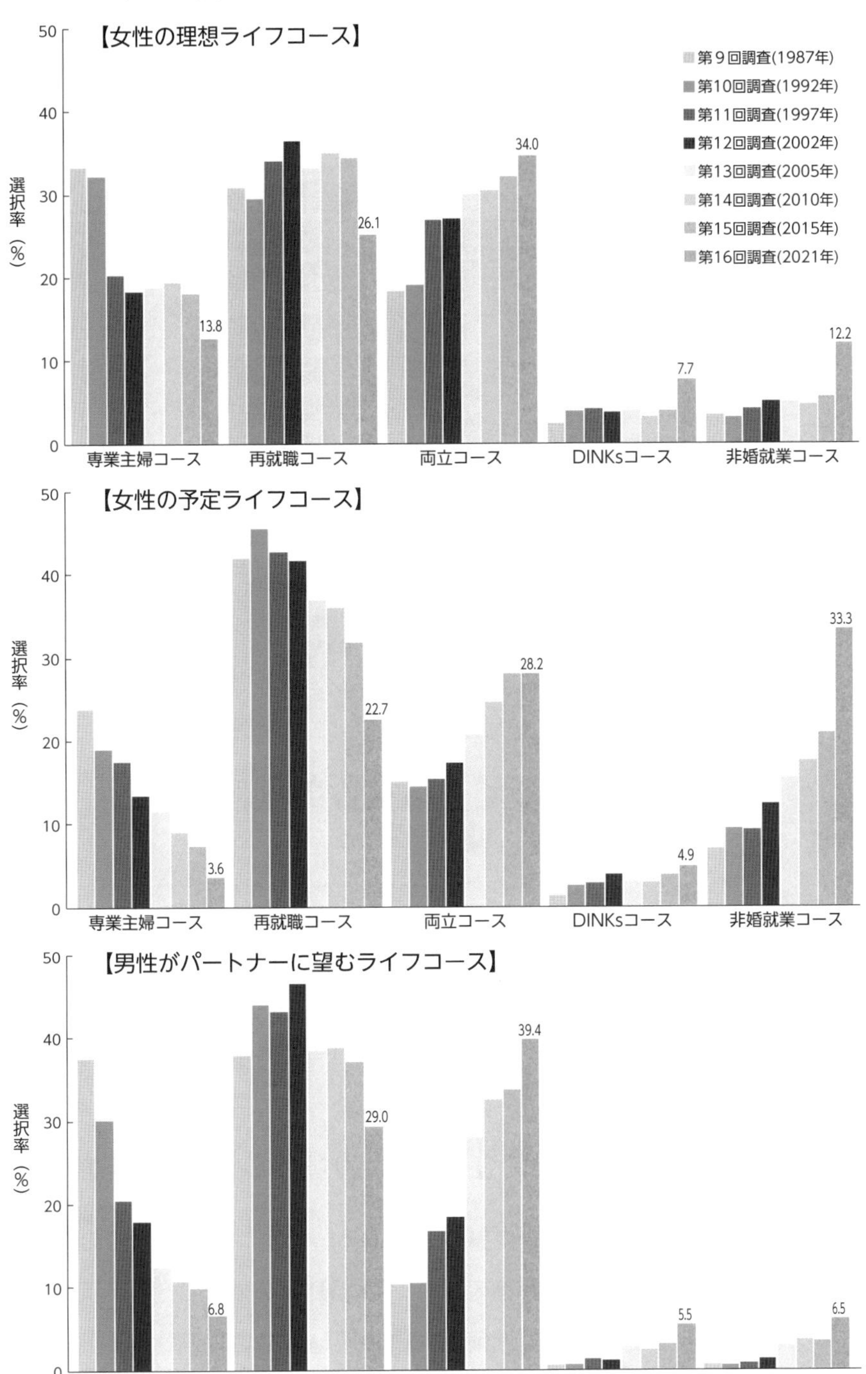

注：対象は18〜34歳の未婚者。その他および不詳の割合は省略。客体数は、第9回（1987）男性（3,299）、女性（2,605）、第10回（1992）男性（4,215）、女性（3,647）、第11回（1997）男性（3,982）、女性（3,612）、第12回（2002）男性（3,897）、女性（3,494）、第13回（2005）男性（3,139）、女性（3,064）、第14回（2010）男性（3,667）、女性（3,406）、第15回（2015）男性（2,705）、女性（2,570）、第16回（2021）男性（2,033）、女性（2,053）。設問（1）女性の理想ライフコース：（第9回（1987）〜10回（1992）調査）「現実の人生と切りはなして、あなたの理想とする人生はどのようなタイプですか」、（第11回（1997）〜16回（2021）調査）「あなたの理想とする人生はどのタイプですか」。（2）女性の予想ライフコース：（第9回（1987）調査）「これまでを振り返った上で、あなたの人生はどのようなタイプになりそうですか」、（第10回（1992）調査）「これまでを振り返った上で、実際になりそうなあなたの人生はどのようなタイプですか」、（第11回（1997）〜16回（2021）調査）「理想は理想として、実際になりそうなあなたの人生はどのタイプですか」。（3）男性がパートナー（女性）に望むライフコース：（第9回（1987）〜12回（2002）調査）「女性にはどのようなタイプの人生を送ってほしいと思いますか」、（第13回（2005）〜16回（2021）調査）「パートナー（あるいは妻）となる女性にはどのようなタイプの人生を送ってほしいと思いますか」。

出典：国立社会保障・人口問題研究所「出生動向基本調査（独身者調査）」第15回（2016年）、第16回（2022年）より作成

図10-3 年代別性別役割分担意識

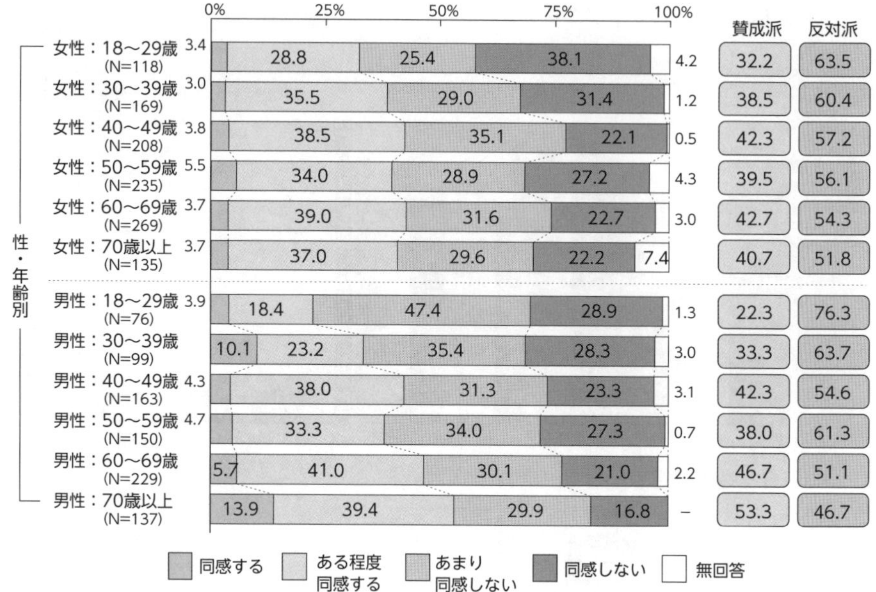

出典：福岡県人づくり・県民生活部男女共同参画推進課「令和元年度男女共同参画社会に向けての意識調査（概要版）」p.4、2020年

2 ライフコースに関する女性の価値観と社会的状況

現代の女性を取り巻く子育てと自分自身の生き方、仕事に関する考えやその希望を叶えるための環境をデータから読み解こう。

（1）子育てと自分自身の生き方とのバランスのむずかしさ

近年、結婚退職する女性は年々減少している。しかし、結婚前後の就業継続率は、2014（平成26）年から2021（令和3）年の間では8割を超えているのに対し、第1子出産前後も就業を継続していた女性の割合は4割前後で推移している。つまり、結婚を機に退職する「寿退社」は減少しているが、出産（特に第1子出産前後）を機に退職する女性は依然として多く、女性が仕事と子育ての両方を選ぶ生き方にはさまざまな障壁があると予想できる。

また、女性の価値観も変化している。「第6回幼児の生活アンケート」[4)]において、1歳6か月から6歳（就学前）の子どもをもつ母親の回答結果によると、常勤者ではあまり変化が見られないのに対し、パートタイムと専業主婦では、「子どものためには、自分ががまんするのはしかたない」が減り、「子育ても大事だが、自分の生き方も大切にしたい」という意識をもつ人が増えてきている（図10-4）。特に、専業主婦においては「自分の生き方も大切にしたい」という意識が2015（平成27）年調査時の44.5%から2022（令和4）年には60.2%へと高まっている点も注目されている。

図10-4 子育てと自分の生き方のバランス（経年比較・母親の就業別）

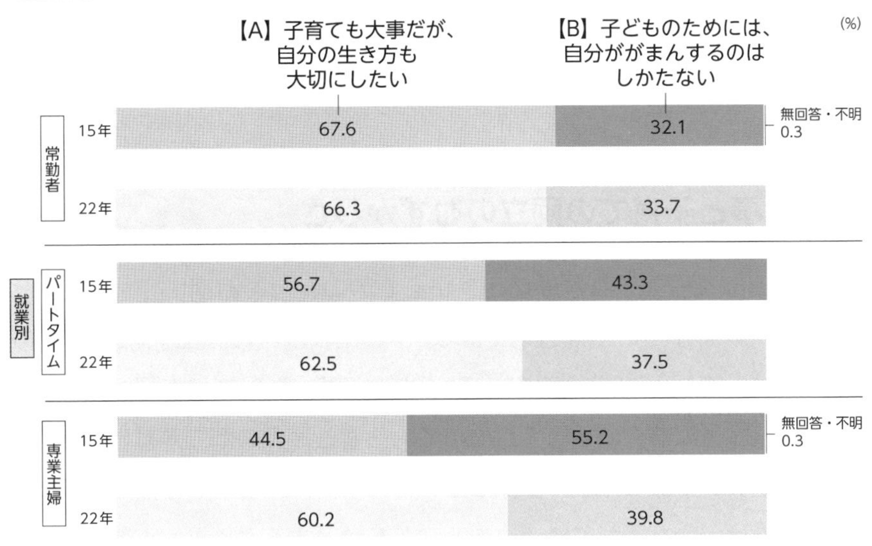

出典：ベネッセ教育総合研究所「第6回幼児の生活アンケート」2023年

さらに、いわゆる「3歳児神話（子どもは3歳くらいまでは母親がいつも一緒にいたほうがいい）」に賛成と回答した比率は徐々に減り、2022（令和4）年では44.9%と半数を切った（図10-5）。

同調査の考察では、「乳幼児の生活と育ちに関する調査」[5]を取り上げ、「頼りになるコミュニティが広い人ほど子育て肯定感が高い」こと、「母親が一人で抱え込む『ワンオペ育児』から、父親と母親、さらには祖父母、親戚、保育園などさまざまなサポートを得て行う『チーム育児』へと移行することが必要」[6]であることを提唱している。「チーム育児」は、今後女性が子育てをしながら自分らしく生きるために重要なキーワードとなってくるのではないだろうか。

図10-5 3歳児神話（経年比較）

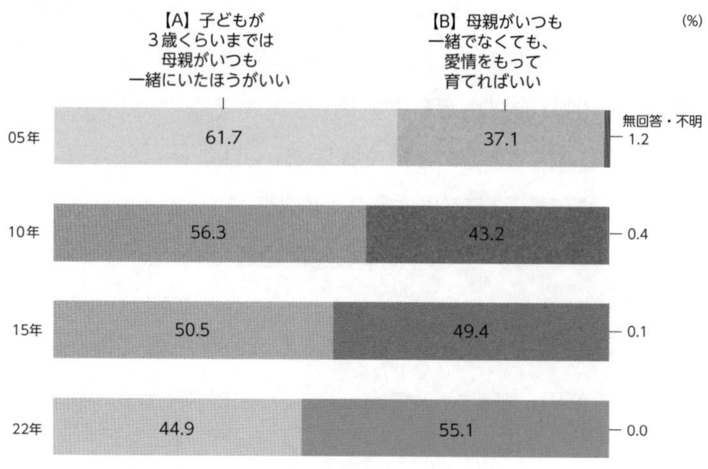

出典：ベネッセ教育総合研究所「第6回幼児の生活アンケート」2023年

（2）仕事と子育ての両立のむずかしさ

子育て期に就労する女性は増えているものの、この時期にワーク・ライフ・バランスを保つことは容易ではない。労働政策研究・研修機構[7)]の調査によれば、第1子の産前産後に仕事をやめた理由としては、「非労働力群」「非正規群」「正規群」のすべてにおいて「仕事と育児の両立が難しいと判断した」がトップである。次に多かったのは「子育てに専念したかった」というものであり、今も子育てに専念することを希望する女性が一定数おり、多様な選択ができる必要があることがわかる。

「なぜ仕事と育児の両立が難しいと判断したのか」の問いでは、いずれの群も「自分の体力が持ちそうになかった」と回答している。しかし、女性が出産を機に退職する理由は、自分の体力や子どもの保育、育児休業などの制度だけでなく、正規群では「育児休暇は利用できるものの、職場に両立を支援する雰囲気がなかった」という回答が3割あり、社会に子育てと仕事の両立を支援する制度や雰囲気がないという環境的要因によって、個々の女性の希望するライフコースを選択することがむずかしいという実態がある。

（3）母親が抱える身体的・精神的課題

現代のわが国では、共働き家庭であったとしても、多くの場合、家事・育児のほとんどを母親が担うといわれている。「平成28年度社会生活基本調査結果」[8)]によると、「家事」については、共働き世帯で約8割、専業主婦世帯で約9割の夫が行っておらず、「育児」については、妻の就業の有無にかかわらず7割の夫が行っていない。

このような状況のなか、母親が一人で家事・育児の大半を担うことを、ワンオペレーション育児、通称ワンオペ育児と呼ぶようになった。仕事をやめた女性の多くが「自分の体力が持ちそうになかった」と答えているが、こうした家事・育児の男女の負担の不公平さの背景には、父親の長時間労働も一要因であるといわれている。つまり、父親のワーク・ライフ・バランスの問題を解決しなければ、母親のワーク・ライフ・バランスの問題の解決もできないのである。

また、「子育てに専念するために仕事をやめる」という選択自体に善悪はないものの、日本の社会では、「子どもが小さいうちは、特に3歳までは母親が子どものそばにいて、育児に専念すべきだ」という、3歳児神話がいまだに影響を与えている。「男は仕事、女は家庭」という性役割分業に基づく家族モデルが推奨されていたかつての日本では、「3歳児神話」や「母性愛神話」が重要視され、専業主婦である母親一人に子育ての負担と責任が負わされていた。母親は、働きに出ることに罪悪感さえあったのである。

しかし、価値観が多様になり、女性も男性も働くことを希望する若者が増えつつある近年において、たとえば子育て期には、性別ではなく、個人の能力と個性に合わせた、多様なライフスタイルに対応する支援が必要になってくる。仕事と家事の両立を阻む要因はさまざまである。このような社会の状況において、保育者が果たす役割も大きくなってくる。

3 こども家庭庁の発足

子育てしやすい、誰もが希望のライフコースを選択できる社会に向けて始動したこども家庭庁について知ろう。

（1）こども政策の新たな推進体制に関する基本方針

2021（令和3）年12月21日に閣議決定された「こども政策の新たな推進体制に関する基本方針」などに基づき、「こども家庭庁設置法」および「こども家庭庁設置法の施行に伴う関係法律の整備に関する法律」「こども基本法」が2022（令和4）年6月15日の国会で成立し、2023（令和5）年4月1日にこども家庭庁が発足した。まずは、その基本方針について見てみよう。

「こども政策の新たな推進体制に関する基本方針」では、「常にこどもの最善の利益を第一に考え、こどもに関する取組・政策をわが国社会の真ん中に据えて、こどもの視点で、こどもを取り巻くあらゆる環境を視野に入れ、こどもの権利を保障し、こどもを誰一人取り残さず、健やかな成長を社会全体で後押しする」という、「こどもまんなか社会の実現」を最重要コンセプトとして掲げた。そして、そのための新たな司令塔として創設されたのが、こども家庭庁である。この基本方針では、今後のこども政策の基本理念として、次の6つが示されている（図10-6）。

図10-6 今後のこども政策の基本理念

基本理念	内容
こどもの視点、子育て当事者の視点に立った政策立案	◆こどもは保護者や社会の支えを受けながら自己を確立していく主体と認識し、保護すべきところは保護しつつ、こどもの意見を年齢や発達段階に応じて政策に反映。若者の社会参画の促進。 ◆家庭が基盤。親の成長を支援することがこどものより良い成長につながる。子育て当事者の意見を政策に反映。
全てのこどもの健やかな成長、Well-beingの向上	◆妊娠前から、妊娠・出産、新生児期、乳幼児期、学童期、思春期、青年期の一連の成長過程において、良質かつ適切な保健、医療、療育、福祉、教育を提供。 ◆安全で安心して過ごせる多くの居場所を持ちながら、様々な学びや体験ができ、幸せな状態（Well-being）で成長できるよう、家庭、学校、職域、地域等が一体的に取り組む。
誰一人取り残さず、抜け落ちることのない支援	◆全てのこどもが、施策対象として取り残されることなく、当事者として持続可能な社会の実現に参画できるよう支援。 ◆こども本人の福祉というだけにとどまらない我が国社会の持続可能性にも資するとの認識。
こどもや家庭が抱える様々な複合する課題に対し、制度や組織による縦割りの壁、年齢の壁を克服した切れ目ない包括的な支援	◆こどもの困難は、こどもの要因、家庭の要因、家庭内の関係性の要因、環境の要因等、様々な要因が複合的に重なり合って表出。問題行動はこどもからのSOS。保護者自身にも支援が必要。 ◆教育、福祉、保健、医療、雇用などに関係する機関や団体が密接にネットワークを形成し支援。18歳など特定の年齢で一律に区切ることなく、こどもや若者が円滑に社会生活を送ることができるようになるまで伴走。
待ちの支援から、予防的な関わりを強化するとともに、必要なこども・家庭に支援が確実に届くようプッシュ型支援、アウトリーチ型支援に転換	◆地域における関係機関やNPO等の民間団体等が連携して、こどもにとって適切な場所に出向いてオーダーメイドの支援を行うアウトリーチ型支援（訪問支援）の充実。 ◆SNSを活用したプッシュ型の情報発信の充実。
データ・統計を活用したエビデンスに基づく政策立案、PDCAサイクル（評価・改善）	◆様々なデータや統計を活用するとともに、こどもからの意見聴取などの定性的な事実も活用し、個人情報を取り扱う場合にあってはこども本人等の権利利益の保護にも十分に配慮しながら、エビデンスに基づき多面的に政策を立案し、評価し、改善。

出典：内閣官房「こども政策の新たな推進体制に関する基本方針（概要）」2021年

これまで、子ども関連の社会問題に対する国の施策は、課題の内容に応じて別々の省庁で行われてきたが、こども家庭庁は、その司令塔としてこれらの子ども政策全体を統括するリーダー的な存在となる。

こども家庭庁発足に先だち、2023（令和5）年3月31日に出された「こども・子育て政策の強化について（試案）〜次元の異なる少子化対策の実現に向けて〜」[9)]のなかに「今後3年間で加速化して取り組むこども・子育て政策」の章を設け、①ライフステージを通じた子育てに係る経済的支援の強化、②すべてのこども・子育て世代を対象とするサービスの拡充、③共働き・共育ての推進、④こども・子育てにやさしい社会づくりのための意識改革の4つを掲げている。

特に③のなかでは、「男性育休は当たり前」となる社会の実現に向けて、官民一体となって取り組むため、制度面と給付面の両面からの対応の強化をあげている。具体的には、民間の直近の現状では17.13％に留まっている男性の育休取得率を、最終目標の2030（令和12）年には公務員、民間ともに85％をめざすこと、また育児参加や育児休業からの円滑な職場復帰支援等も含めた。給与面でも、たとえば男性が一定期間以上の産後パパ育休（出生時育児休業：最大28日）を取得した場合、その期間の給付率を引き上げるとともに、女性の産休後の育休取得について28日間（産後パパ育休期間と同じ期間）を限度に給付率を引き上げるとした。

このように、誰もが希望のライフコースを選ぶことのできる社会となるように国が大きな動きに出ており、今、私たちは転換期を迎えているのである。

さらに詳しく学ぶ

1　生活と仕事の両立に向けて

労働基準法により定められた産前産後休業（いわゆる産休）は、すべての女性が取得可能だが、育児休業、介護休業等育児又は家族介護を行う労働者の福祉に関する法律（育児・介護休業法）により定められた育児休業の取得には、一定の条件（育児休業終了後も引き続き雇用される見込みがあるかなど）を満たす必要がある。そのため、その条件を満たすことが困難な非正規職の女性は、仕事をやめざるを得なかった。「令和4年度雇用均等基本調査」[10]によると、男性の育休取得率は、近年上昇傾向にあるが、2022（令和4）年でようやく17.13%である。また、2021（令和3）年度の育児休業後に復職した育児休業期間は、女性では12か月から18か月未満が34.0%と最も多く、9割以上が6か月以上取得しているのに対して、男性は5日から2週間未満が26.5%と最も多く、2週間未満が半数以上を占めており、極めて短い期間の取得となっている。その後、2021（令和3）年6月に改正育児・介護休業法が成立し、2022（令和4）年4月より段階的に施行されている。この改正では、①男性が取得可能な「産後パパ育休（出生時育児休業）」の新設、②男性育休を含む育児休業制度の企業側から従業員への通知・取得促進の義務化、③その他、通常育休に関する各種改正等が行われた。

2023（令和5）年4月1日に「こども家庭庁女性活躍・ワークライフバランス推進のための取組計画」が提出され、よりよい政策を持続的に立案・実現するためには、まずは霞が関が「働き方改革」のトップランナーになることが示された。たとえば、国家公務員の男性職員の達成目標として、男性の産休（5日以上）取得率100%、男性の育児休業・休暇（合計1か月以上）取得率100%、男性の家事・育児時間を前年度より増加させることなどを掲げている。

2 自らのライフコースと向き合うことの必要性

わが国の少子化は深刻さを増しており、2022（令和4）年の出生数は80万人を割り込み、過去最少となる見込みである。政府の予測より8年早いペースで少子化が進んでいるという。「いずれは結婚したい」と思う若者は多く、また結婚した夫婦の多くが「子どもがいると生活が楽しく心が豊かになる」と考え、子どもをもちたいと思っているにもかかわらず、結婚できなかったり、希望する数の子どもをもてなかったりするのはなぜなのか。

またそれ以前に、そもそも「結婚」という人生選択をしない若者が増加しつつあるのはなぜなのか。この問題については、バブル崩壊後の親の夫婦としての姿を見て、こんなふうになりたいと思える夫婦像が減ってきているのではないかとの指摘もある[11]。

幸せのかたち、家族のかたちはそれぞれであり、これが正解という生き方はない。今後ますます、自らのライフコースにおいて「個人の選択」と「意思決定」が重視される時代に入っていく流れのなかで、自分自身は仕事や結婚、子育てに何を求めるのか。また、長寿化の時代において、親の介護等についてどのように考えているのか。あらためて自らの価値観を見つめ直し、自らのライフコースについて、真剣に向き合うことの意義は大きいといえる。

復習ワーク

1. 自らのライフコースを理想に近づけるため、今必要なことを考えてみよう。
2. 「3歳児神話」や「母性愛神話」の今と昔の状況について、親子で語り合ってみよう。
3. 育児休業を取ることの意味、夫婦それぞれの具体的な役割について、考えてみよう。

引用文献

1) 嶋﨑尚子『ライフコースの社会学』学文社、pp.19-20、2018年
2) 国立社会保障・人口問題研究所「第16回出生動向基本調査（独身者調査）」2022年
3) 福岡県人づくり・県民生活部男女共同参画推進課「令和元年度男女共同参画社会に向けての意識調査（概要版）」2020年
4) ベネッセ教育総合研究所「第6回幼児の生活アンケート」2023年
5) 東京大学Cedep・ベネッセ教育総合研究所　共同研究「乳幼児の生活と育ちに関する調査」（乳幼児パネル調査）2019年
6) 浜屋祐子・中原淳『育児は仕事の役に立つ――「ワンオペ育児」から「チーム育児」へ』光文社、pp.76-100、2017年
7) 労働政策研究・研修機構「労働政策研究報告書　No.189 子育て世帯のディストレス」2017年
8) 総務省統計局「平成28年社会生活基本調査」2017年
9) 内閣官房「こども・子育て政策の強化について（試案）～次元の異なる少子化対策の実現に向けて～」2023年
10) 厚生労働省「令和4年度雇用均等基本調査」2023年
11) 内閣官房「関係団体・有識者との対話（第1回）人口減少・持続可能な経済社会」議事録、2022年

第 11 章
多様な家庭とその理解

この章のねらい

家族のかたちは多様である。私たち一人ひとりが思い浮かべる家族はどのようなかたちだろうか。グローバル化する社会のなか、格差の広がり、貧困問題の深刻化など、子どもが育つ場である家庭にもその影響が及んでいる。保育所、幼稚園、認定こども園においても、多様化、複雑化している家庭・家族への理解と支援が求められている。本章では、多様な家庭・家族への理解を深めることをめざし、ひとり親家庭、貧困家庭、虐待リスクのある家庭、外国にルーツをもつ家庭、里親家庭について学び、考える。

この章の構成

授業までの準備 ―多様な家族のかたちと幼児期の環境構成―

以下は、2人の保育者の会話である。

保育者A：この絵本、すごくほのぼのしていておすすめだよ。お父さんとお母さんと子どもが、ちょっぴり憂鬱な気分になっている雨の日に、家の中にある料理用の道具を活用しながら遊びを考えて、楽しく過ごす様子が描かれているの。

保育者B：へー、そうなんだ。

保育者A：もう1冊、おすすめなのが、お父さん熊と子どもの熊が冒険するお話。お母さん熊は、冒険から帰ってくる2人を温かい料理をつくって待っているの。

保育者B：どちらの絵本もアイデアやワクワク感があって、子どもたちが喜びそうだね。でも、うちの園にはひとり親の家庭やおじいちゃん、おばあちゃんが育てているお家、同性カップルの家庭もあるし…。お父さんとお母さんと子どもが登場する絵本ばかりでいいのかなぁ…。

保育者A：なるほど。子どもたちには、いろいろな家族のかたちがあって、それが当たり前って、思ってほしいよね。私たちはどんな絵本をそろえたらいいんだろう？　B先生、一緒に探してくれる？

保育者B：もちろん。一緒に探してみよう！

? 考えてみよう

1. 家族をイメージしたとき、どのようなメンバーを思い浮かべるだろうか。自分が抱く家族像について考えてみよう。

2. さまざまな家族のかたちを描いた絵本や多様性をテーマにした絵本を探してみよう。

基本を学ぶ

1 格差社会と子どもの貧困

格差社会が子育て家庭に及ぼす影響と、日本における子どもの貧困について学ぼう。

資本や労働力が国や地域などの枠組みを超え、地球規模で一体化するグローバル化の進展は、子育て家庭にも影響を及ぼしている。その1つが格差社会である。経済のグローバル化は、競争社会に拍車をかけ、日本の雇用形態を大きく変化させた。その典型が非正規雇用の増加である。労働者派遣事業の適正な運営の確保及び派遣労働者の保護等に関する法律（労働者派遣法）の改正によって規制緩和が進められ、低賃金かつ社会保障が不十分な働き方が広がった。こうした不安定な雇用形態は、ひとり親家庭はもとより、若年層の暮らしや人生設計にも影を落とすこととなった。非正規雇用の拡大は、経済格差、所得格差を増大させ、子どもの貧困と直結する課題として社会問題となっている。さらに、経済格差、所得格差による子どもの貧困問題は教育格差としても表れ、子どもの貧困は、将来の進学や就業の選択を狭めることとなっている。

貧困には「絶対的貧困」と「相対的貧困」の2つのとらえ方がある。「絶対的貧困」は、食料や衣服、住居などが足りず、最低限の生活を維持できない状態を指す。一方、「相対的貧困」は、その国や文化のなかで必要なものが経済的な困窮によりそろっていなかったり、発達段階で求められる諸経験が奪われている状態を指す。OECD（Organisation for Economic Co-operation and Development：経済協力開発機構）では、相対的貧困の指標となる貧困率を「所得が全人口の家計所得中央値の半分となる値として示される貧困線を下回っている人の割合」と定義している。2021（令和3）年のOECDのデータによると、日本の子どもの相対的貧困率は14.0％となっており、およそ「7人に1人の子ども」が該当することとなる。また、厚生労働省の「2019年国民生活基礎調査」によるとひとり親世帯は特に厳しい状況にあり、2世帯に1世帯が相対的貧困状態にある。

2 多様な家庭の理解と支援のあり方

ひとり親家庭、貧困家庭、虐待リスクのある家庭、外国にルーツをもつ家庭、里親家庭・ファミリーホームなど、多様な家庭の現状と課題、支援のあり方について学ぼう。

（1）ひとり親家庭

ひとり親家庭とは、満20歳未満の子どもがその母親もしくは父親によって養育されている家庭のことである。2021（令和3）年度の「全国ひとり親世帯等調査結果」（推計値）によれば、母子世帯は119.5万世帯、父子世帯は14.9万世帯となっている。ひとり親世帯は、全世帯のおよそ2.6％である。全体から見るとその割合が少ないこともあり、固有の課題や困難が社会全体で共有されているとは言いがたい。

①母子家庭

日本の母子家庭の母親たちは、世界でも有数の高い就業率となっている。前掲のOECDによる2020（令和2）年度調査では、86.3％の母親が就労しており、加盟する国のなかではトップクラスである。しかし、高い就業率であるにもかかわらず、母子家庭の多くは所得が低く、経済的困難が最も深刻な課題となっている。

低所得の理由の1つに、ジェンダー不平等（男女の格差）がある。日本は先進国のなかで最低レベルといわれるほどの男女格差が存在している。WEF（World Economic Forum：世界経済フォーラム）が各国の男女格差の現状を評価した「Global Gender Gap Report」（世界男女格差報告書）2022年版では、日本のジェンダーギャップ指数は146か国中116位、主要7か国（G7）では最下位だった。

「全国ひとり親世帯等調査結果」を見ると、母子世帯の年間就労収入は平均236万円、父子世帯は496万円である。全世帯の平均と比較した場合、母子世帯は50％以下となっている。これは、近代日本においては男性が主たる稼ぎ手であり、女性は家事や子育てを担いつつ補助的な仕事に就くことで成り立つ社会を形成してきたことによる。そのため、主に女性が就労することが想定される職種の多くは賃金が低く抑えられてきた。さらに正規雇用よりも非正規雇用が多いという特徴がある。なかには、生活を維持するため、ダブルワークやトリプルワークを余儀なくされている母親もいる。次の事例は、非正規雇用に従事しながら幼児を育てている母子家庭の綱渡りともいえる日々の姿である。

【事例】保育者が発熱した子どもの様子を保護者に電話で伝えている。

保育者：しゅんちゃんのお母さん、今、38℃の熱が出ていますので、すぐにお迎えをお願い致します。
母親　：はい、わかりました。できるだけ早く迎えに行きます。
—1時間後—
保育者：お母さん、先ほどのお電話から1時間たっています。しゅんちゃんのお熱が38.5℃に上がっています。まだ時間がかかりそうですか。
母親　：すみません、すぐに行きたいのですが、先日も子どもの熱で早退していますので、また早退するとクビになるかもしれなくて…。クビになったら生活できません。あともう少しだけ、待ってください。
—さらに1時間後—
保育者：お母さん、お熱が39℃です。もうこれ以上、待てません。お願いします、お願いします。

生活の基盤である就労の継続と解雇の不安のなかで孤軍奮闘する母親たちに、個人の努力をどこまで求めればよいのだろうか。子育ては親だけが担うものではなく、社会全体で支えていく営みである。子育て家庭の最も身近で寄り添っている保育者は、母親個々人の努力だけでは解決できない社会構造や制度に由来する子育て課題に対して、保護者とともに声を上げていく必要があるだろう。

②父子家庭

父子家庭は母子家庭に比べて数が少なく、これまであまり注目されてこなかった。しかし、父子家庭の子育てにおける課題を見ていくと、日本社会全体の働き方や性別役割分業、親が親として学ぶ機会の乏しさといった諸問題が浮かび上がってくる。家事や育児といった生活上の当事者を免れてきた男性が、シングルファザーという子どもをケアする当事者に立場を変えると、生活が立ち行かないほどの深刻な困難に直面する。2018（平成30）年にシングルファザー当事者の3人とともに発行した『シングルファザー・ハンドブック』では、主な課題として、「①仕事を継続することの困難（3人のうち2人が離職)、②経験不足による食事づくりの困難、③他者に助けを求めることへの抵抗感、④所得要件により公的な支援を受けにくい」という4項目があげられている[1)]。

上記に加え、彼らの最も深刻な課題は「孤独」であった。「全国ひとり親世帯等調査結果」においても、「相談相手がいない」と答えた母子世帯の割合が21.9%だったのに対し、父子世帯は45.2%となっている。こうした課題を乗り越えるためには、保育所や小学校、学童保育所などを拠点とした人間的なかかわり合いが求められる。父子・母子家庭に限らず、地域のつながりが乏しい現代社会において、保護者同士の交流をうながし、支え合える人間関係を地域に構築するための働きかけは、保育者の重要な役割の1つといえるだろう。

(2)貧困家庭

2020(令和2)年度、内閣府は子どもの貧困状況を明らかにするための全国調査をはじめて行った[2)]。貧困は、子どもの学習・生活・心理面などさまざまな面に影響を及ぼす。子どもの貧困は、保護者の貧困問題でもあるため、本調査は子どもと保護者からデータを収集している。報告書では、「食料が買えなかった経験」が「あった」とする割合(「よくあった」「ときどきあった」「まれにあった」を合わせた割合)は、全体では11.3%であったのに対し、世帯収入の水準が「中央値の2分の1未満」の世帯では37.7%であった。また、「衣服が買えなかった経験」が「あった」とする割合もそれぞれ16.3%と45.8%となっている。さらに、「電気料金」「ガス料金」「水道料金」のいずれか1つ以上で未払いの経験が「あった」とする割合は、5.7%と20.7%であった。

調査を分析した小林によれば、保護者の「経済資本」の違いが、子どもの学校教育における理解度や健康などの「人的資本」、生活習慣の確立や旅行、美術館に親しむなどの「文化資本」、困ったときに相談にのってくれる人間関係があることや部活動への参加などの「社会関係資本」といった資本獲得に差をもたらし、その結果、子どもが成人したときの地位達成にも影響を及ぼす可能性が高まるという。今回の調査では、貧困の連鎖について統計的に優位な差があったことも指摘されている。

求められる支援として、貧困の連鎖に関連するとされる教育や生活習慣、相談相手などの不足を社会が補う必要があげられる。また、貧困問題の解決には保護者の就労支援や孤立状態をカバーする支援も欠かせない。たとえば、ネグレクトにより家庭で十分に食事をとることができない子どもに対し、保育所や学童保育所への入所をうながすことで、子どもだけでなく保護者を含めた家族全体の生活改善や保護者の就労につながった事例もある。

保育者は家庭状況の変化、保護者の困難をいち早くキャッチできる立場にある。こうした特性を活かすことで、社会的孤立に陥りがちな貧困家庭を支えることができる最前線の専門職といえる。

(3) 虐待のリスクがある家庭

厚生労働省によると児童相談所での児童虐待相談対応件数は、年々増加しており、2021（令和3）年度は20万7,660件となっている。また、虐待により死亡した子どもは2020（令和2）年の1年間で49人、年齢別では「0歳」が32人と最も多い。深刻な虐待や虐待のリスクの高まりをいち早く把握できる地域密着の福祉施設が保育所である。保護者の離職などの経済的な困難やひとり親が新たなパートナーを迎えたとき、保護者の病気など、さまざまな要因により虐待のリスクが高まる。虐待は子どもの命にかかわるため、保育所や学校など子どもが日常的にかかわる場での予防、早期発見、早期対応が求められる。

では、虐待のリスクの高まりをどのように発見すればよいのだろうか。全国保育士会が発行している児童虐待防止のためのワークブックでは、「衣服や頭髪の汚れ、不自然なケガ、朝から空腹を訴える、親が子どもに無関心、虫歯が多い等」のチェック項目を示している[3)]。保育者は虐待が疑われる家庭の保護者に対して、批判的に見てしまう傾向がある。しかし、非難するだけでは解決には至らない。その家庭がどのようなことに困難を感じているのか、どのような支援が必要なのかをとらえる視点が重要となる。

深刻な虐待の場合、再発防止のための検証が行われる。2020（令和2）年に札幌市でまとめられた2歳児死亡事例の検証報告書では、母子にかかわった多くの専門職たちは、一様に“誰かが手を差し伸べているのではないか”と考えており、結局、誰も母親に親身になってかかわることはなかったことを指摘している。日ごろから行政の虐待支援担当者や子育て支援にかかわる地域住民と顔の見える関係づくりに取り組み、連携していくことが求められるだろう。

（4）外国にルーツをもつ家庭

2021（令和3）年の厚生労働省の調査によると、外国籍等の子どもを受け入れている保育所等は、回答のあった市区町村1139のうち68.6%に及ぶ[4)]。今後も日本に入国、居住する外国人家庭の増加が予想されている。

親が外国出身者であったり外国にルーツがあったりする家庭には、さまざまな状況や背景があるため、支援内容は多岐にわたる。一方の親が日本で育った場合は、言語や文化の理解に対する課題は少ないが、両親ともに外国出身である場合は、ニーズにあった支援を探っていく必要がある。ここでは保護者の主なニーズである言語と文化についての理解と孤立の問題について考える。

日本語の理解が十分ではない、もしくは話せない場合、保育への不安が高まるため、言葉の問題をどのように支援していくかがポイントとなる。日本の保育の場では、さまざまなお知らせが保護者に渡される。紙媒体によるお便りをはじめ、SNSによるお知らせも普及しているが、いずれの場合も日本語を読むことができない家庭にとっては大きな負担となる。こうしたケースでは、重要度の高いものに目印をつけ、緊急性のないものとの区分を明確にするとよい。

子どもは言葉の獲得が早く、適応力が高い。しかし、保護者は言葉の壁や文化の違いにより、孤立しやすい。そのため、子どもの支援だけでなく、保護者の孤立の問題にも配慮が必要となる。出身国の文化や料理を学び合う保護者交流の機会を設けるなど楽しみながら言葉とは異なるコミュニケーションによって、保護者同士をつないでいきたい。また、諸外国の文化を紹介した絵本を日常の保育に取り入れることや、外国にルーツをもつ子どもの出身国の文化紹介の日を設けるなど、幼児期から多文化理解を意識した保育が望まれる。外国につながる子どもの母語保持や日本語で育つ子どもの外国語への関心拡大を目的とした多言語による電子絵本を活用するのもよい。

（5）里親家庭・ファミリーホーム

里親とは、児童福祉法に基づき、児童相談所が要保護児童の養育を委託する制度である。養育里親、専門里親（虐待や非行、障害など専門的ケアを必要とする子どもを養育する里親）、養子縁組里親、親族里親がある。日本は児童養護施設で育つ子どもの割合が高いが、諸外国では家庭養育が主流である。近年、日本においても家庭で育つことの意義への理解が進み、里親やファミリーホーム（小規模住宅型児童養育事業：2人の養育者と補助者1人が子ども5〜6人を養育する等の規定がある）の整備・拡充がめざされている。こども家庭庁によると、保護者のいない児童や被虐待児など社会的養護の対象となる児童約4万2000人のうち、里親の元で暮らす児童は6080人、ファミリーホーム1718人となっている[5)]。

図11-1 里親・ファミリーホームへの委託児童数

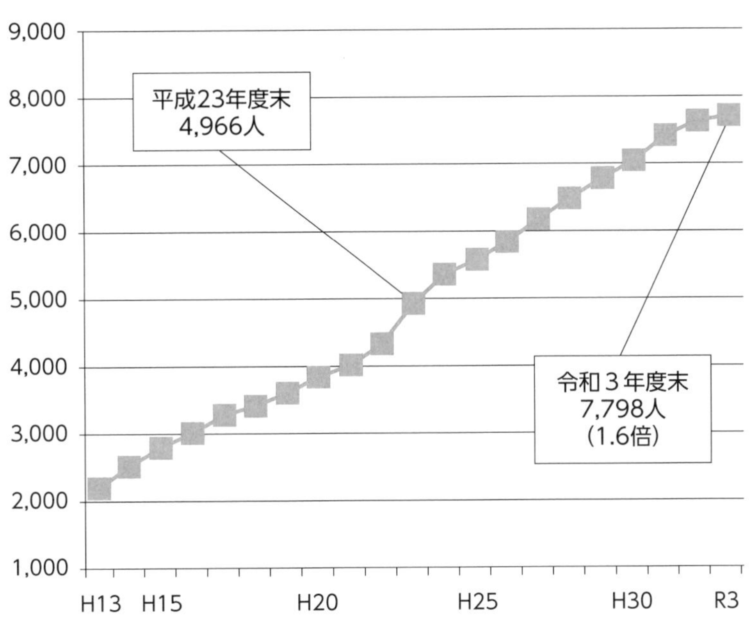

出典：こども家庭庁

1人の子どもが里親やファミリーホームの養育者に出会い、安心して過ごせるようになるまでには一定の時間が必要となる。里親の側にも、親であれば誰もが抱く不安やとまどいが生じる。その場合、里親同士の交流会などへの参加が有効である。日常的な子育てでは、保育者が子どもの成長をともに喜び合うなど里親の子育てに寄り添う役割も期待される。2017（平成29）年に全国ではじめて大阪市が男性カップルを養育里親に認定した。このほか、同性カップルでも里親になれることをホームページで説明する自治体が現れるなど、多様な家庭養育のあり方も模索されている。

さらに詳しく学ぶ

1 ヤングケアラーの理解と支援

ヤングケアラーとは、「本来大人が担うと想定されている家事や家族の世話などを日常的に行っていることにより、子ども自身がやりたいことができないなど、子ども自身の権利が守られていないと思われる子ども」[6)] と定義されている。家族の代わりに幼い兄弟姉妹や障害のある兄弟姉妹、介護が必要な祖父母の世話をしていたり、精神疾患があるため家事を担えない親を支えていたりといったケースがある。厚生労働省による2020（令和2）年度の調査では、世話をしている家族が「いる」と回答したのは中学2年生で5.7%、全日制高校2年生で4.1%であった。2021（令和3）年度には小学6年生を対象に同様の調査が行われており、その結果、「家族の世話をしている」と回答した小学生は6.5%であった[7)]。親がネグレクト傾向にあり、小学校低学年の子どもが乳幼児の兄弟姉妹の世話を担い不登校となっているケースなどもある。ヤングケアラーの問題はそもそも見えにくく、特に子どもはそれが当たり前のこととして暮らしているため、それ自体を問題としてとらえる視点が乏しいことが課題となっている。

2 社会教育としての子育て支援

乳幼児期の子どもがいる保護者への子育て支援は、保育士など福祉の領域の専門職が主な担い手となっている。地域子育て支援拠点を利用する保護者に対して、子どものケアの方法や遊び方などを伝えながら、孤立した子育てを防ぐ取り組みが全国的に行われている。

一方、社会教育としての子育て支援は親が親として育ち合うための学びの場づくりとして、地域の公民館などで取り組まれている。

早期教育に通わせることや高額な費用が発生する商業施設でのレジャーと子育てが結びつけられるなど、子どもを育てることや教育が商品化されているという問題がある。消費と結びついた子育てが親としての役割を果たすことであるとの誤った認識が見られる。子育ては本来、消費行動と結びつけずに営めるものであるが、こうしたことは親同士の交流や先輩親の経験から学ぶといった学習機会によって、はじめて気づきが得られる。こうした親の学び合いの場づくりという社会教育実践は、子育てという営みに取り組むすべての親に欠かすことができない。こうした学び合いは、ひとり親の孤独な子育てや虐待親の苦悩、外国にルーツのある家庭の保護者の困りごと、里親やファミリーホームで子どもと向き合っている養育者たちの苦悩をやわらげ、分かち合う人間関係をつくる。さらには貧困家庭を見守り、地域で支え合う関係づくりへと発展する可能性をもつ。

家庭が多様化、複雑化している現代社会において、親が家庭と職場だけの狭い世界の価値観のみで子育てに向き合うことは、子どもにとっても親自身にとっても窮屈なものになるだろう。多様な家庭の多様な子育ての姿を知ることは、自分らしい子育てや子育て観を形づくる。現代社会に求められる子育て支援は、「親同士の学び合いをいかに保障していくのか」というテーマに大きく舵(かじ)を切っていく必要があるように思われる。

復習ワーク

住んでいる自治体や地域で行っている子育て支援について具体的に調べてみよう。

(1) ひとり親家庭への支援

(2) 貧困家庭への支援

(3) 外国にルーツをもつ家庭への支援

引用文献

1) 父親ネットワーク北海道『シングルファザーハンドブック』pp.6-17、2018年
2) 内閣府「令和3年　子供の生活状況調査の分析 報告書」2021年
3) 社会福祉法人全国社会福祉協議会・全国保育士会『これって虐待？――子どもの笑顔を守るために』pp.6-7、2020年
4) 厚生労働省 令和2年度子ども・子育て支援推進調査研究事業「外国籍等の子どもへの保育に関する調査研究報告書」2021年
5) こども家庭庁「(資料集) 社会的養育の推進に向けて」2023年
6) 厚生労働省 令和2年度子ども・子育て支援推進調査研究事業「ヤングケアラーの実態に関する調査研究について」2020年
7) 厚生労働省 令和3年度子ども・子育て支援推進調査研究事業「ヤングケアラーの実態に関する調査研究報告書」2022年

第12章

特別な配慮を必要とする家庭

この章のねらい

人は、望むと望まざるとにかかわらず、さまざまな背景や事情を引き受けながら生きている。そのような歩みを続ける人々が集う家庭の営みには、さまざまな生きづらさや困り感が存在することがある。その状況にあるのは家族のうちの誰か一人の場合もあれば、家族全員の場合もある。保育者は、目の前にいる保護者とその家庭が抱く困難さに目を向け、理解を深め支えることが必要となる。本章では、特別な配慮を必要とする家庭、特に障害のある家族について考え、学びを深めていく。

この章の構成

授業までの準備 … p.136

① 事例を読んで、親として思い描いてきた子育てができない理由や状況にはどのようなものがあるかを考えてみよう。

② 保育者からBくんの様子を聞いたAさんの心情を考え、あなたが保育者であれば、どのようなことに配慮してAさんへの支援を行うかを考えてみよう。

授業で学ぶこと

基本を学ぶ … p.137

① 保護者が障害を抱えている家庭

② 保護者が心の病気を抱えている家庭

③ 不適切な養育や虐待に陥らないよう見守りたい家庭

さらに詳しく学ぶ … p.145

① 特別支援教育の現状

② 障害のある子どもの保護者に寄り添う支援

復習ワーク … p.146

① 障害の種類別に保護者が子育てをする際の困難さを想像し、必要な配慮についてまとめてみよう。

② 心の病気の種類別に保護者が子育てをする際の困難さを想像し、必要な配慮について考えてみよう。

③ 子どもの発達的な課題に保護者が気づきにくい理由をまとめ、保育者として必要な支援について考えてみよう。

授業までの準備 —特別な配慮を必要とする家庭—

以下は、心の病気を抱えて子育てをする母親の事例である。

社会人として生活していたAさんは精神疾患の診断を受けた。その後、学生時代から付き合っていた男性と結婚し、仕事をやめた。具合の悪いときもあったが、2人で楽しい日々を送っていた。Aさんは、「子どもがほしい」という思いをずっと抱いていたが、通院や服薬が続くなか、「私に子どもを育てられるのだろうか、母親になってもよいのだろうか」と、ずっと悩んでいた。Aさんはやっとの思いで夫に思いを伝え、義理の両親にも病気について打ち明けた。義理の両親は、「よく考えたら？　大丈夫なの？」と心配しつつも、最後は承知してくれた。

その後、息子のBくんが生まれ、3歳のときに保育所に入園した。Aさんは、人生で最も大きな喜びをくれたBくんに、精いっぱい愛情を注いできた。入園から3か月が過ぎた頃、迎えの際に担任の保育者から、Bくんについて「話しかけてもうまく理解できていないようだ」「友だちと一緒に遊べていない」と言われた。その日以降Aさんは、具合のよくなかったときにBくんを1人で遊ばせてしまい、たくさん話しかけられなかったことや、うまく対応できなくて感情的に叱ってしまったこと、同世代の子どもと遊ぶ機会を多くつくれなかったことなどを思い返し、Bくんのできないところばかりが気になってしまい、どうしたらよいのか考え込むようになってしまった。

? 考えてみよう

1. 事例を読んで、親として思い描いてきた子育てができない理由や状況にはどのようなものがあるかを考えてみよう。

2. 保育者からBくんの様子を聞いたAさんの心情を考え、あなたが保育者であれば、どのようなことに配慮してAさんへの支援を行うかを考えてみよう。

基本を学ぶ

1 保護者が障害を抱えている家庭

障害を抱えながら子育てをする保護者への支援について学ぼう。

（1）障害とともに生きる人の状況

障害の考え方は、2001年に世界保健機関（WHO）の国際生活機能分類（ICF：International Classification of Functioning, Disability and Health）が、分類の視点をそれまでの障害から生活機能へと転換することによって、大きく変わった。この生活機能分類では、「心身機能・身体構造」「活動」「参加」の「生活機能」に、「個人因子」「環境因子」と「健康状態」が加わって、それぞれが相互作用の関係にあるモデルが示され、「障害」は、単なるマイナス要素ではなく、相互作用モデル全体のなかで前向きにとらえられるようになったのである。

さて、日本には障害者の自立・社会参加への支援に関する基本的な理念を示す障害者基本法がある。障害者基本法では、障害者について「身体障害、知的障害、精神障害（発達障害を含む。）その他の心身の機能の障害（以下「障害」と総称する。）がある者であって、障害及び社会的障壁により継続的に日常生活又は社会生活に相当な制限を受ける状態にあるもの」と定義している。「身体障害」「知的障害」「精神障害」は、3障害と呼ばれている（表12-1）。いずれにしても、こうした障害がある者は、障害者として認定されれば、いわゆる障害者手帳（「身体障害者手帳」「療育手帳」「精神障害者保健福祉手帳」）の交付を受けるなどして、障害者の日常生活及び社会生活を総合的に支援するための法律（障害者総合支援法）の支援の対象となり、さまざまな支援が講じられることが法的に規定されている。

厚生労働省が行う複数の調査から示された障害児・者の推計数[1]を見てみると、身体障害児・者は436万人（うち18歳未満は7万2000人）、知的障害児・者は109万4000人（うち18歳未満は22万5000人）となっている。

表12-1 3つの障害の法律による定義と概要

身体障害	身体障害者福祉法（第4条）による定義	法に掲げる身体上の障害がある18歳以上の者であって、都道府県知事等から身体障害者手帳の交付を受けた者
	肢体不自由	四肢（上肢：手と腕、下肢：足・脚）や体幹（胴体）に何らかの障害があり、そのため日常生活に不自由の続いている状態である。
	視覚障害	視力や視野等の視機能に障害があり、見ることが不自由または不可能になっている状態である。
	内部障害	内臓などの機能が低下している状態であり、心臓機能障害、腎臓機能障害、呼吸器機能障害、膀胱・直腸機能障害、小腸機能障害、ヒト免疫不全ウイルスによる免疫機能障害、肝臓機能障害がある。
	聴覚障害・平衡機能障害	聴覚障害は、音を聴くまたは感じる経路に何らかの障害があり、話し言葉や周囲の音が聴こえない、聴きづらい状態であり、伝音性難聴、感音性難聴、混合性難聴がある。平衡機能障害は、姿勢を調節する機能の障害であり、四肢、体幹に異常がないにもかかわらず起立や歩行が困難な状態である。
	音声機能、言語機能、またはそしゃく機能障害	音声機能障害は、喉頭（のど）や発声筋等の音声を発する器官に障害があるため、音声や発音に困難がある状態である。言語機能障害は、発音にかかわる機能または音声言語の理解と表出にかかわる機能の障害があり、構音障害または音声障害、失語症などが含まれる。そしゃく機能障害は、そしゃく・嚥下機能の低下に起因して、経口的に食物等を摂取することができないため、経管栄養以外に方法がない状態等である。
知的障害	知的障害者福祉法による定義	定義条文はなく、児童相談所または知的障害者更生相談所において知的障害と判定された者
		知的機能の障害が発達期に現れ、日常生活のなかでさまざまな不自由が生じている状態である。
精神障害	精神保健及び精神障害者福祉に関する法律（第5条）による定義	統合失調症、精神作用物質による急性中毒またはその依存症、知的障害、精神病質その他の精神疾患を有する者
		精神疾患のため精神機能の障害が生じ、日常生活や社会参加に困難をきたしている状態である。

（2）障害を抱えながらの子育て

障害がある多くの人々は、これまで、場合によっては生活上の不便さはいうまでもなく、偏見や差別に晒（さら）されて傷つくなどして、苦悩や葛藤、孤立感に苛（さいな）まれた時間を送ってきたかもしれない。2016（平成28）年に障害を理由とする差別の解消の推進に関する法律（障害者差別解消法）が施行されて合理的配慮が求められるなど、社会は変わりつつあるが、それでも、障害者にとって厳しい状況は依然として続いている。とりわけ、自らが障害を抱えて配慮を必要としながらも、配慮を必要としている子どもを育てている保護者の場合には、問題は二重に深刻であるといわなければならない。

障害を抱えながら子育てをしている保護者の場合、今まで「できていたこと」が「できなくなってしまう」ことや、新たな「うまくいかないこと」に直面し、あらためて自身の障害を受け止め直さざるを得ない状況になることもある。身体に障害のある場合であれば、たとえば、車いすで移動をしていた人は、子どもを抱いていると手がふさがって操作ができず、身動きが取れなくなってしまうかもしれない。聴覚に障害のある人は、子どもとコミュニケーションを取ることがむずかしいだけでなく、声色や咳などによる体調の変化が把握できないため、子どもの健康管理に不安を抱くかもしれない。また、視覚に障害のある人は、スプーンで離乳食を子どもの口にうまく運ぶことに苦労したり、子どもの表情や顔色、しぐさなどがわからないため、感情が読み取れず心配を募らせたりすることもあるかもしれない。

障害を抱えながら子育てを行う際、障害者総合支援法に基づいて、「居宅介護サービス」、重度訪問介護を利用し、乳児の健康状態の把握の補助や沐浴（もくよく）、授乳から家事にかかわる内容、そして、保健所や学校等との連絡の援助や助言（連絡帳の手話代読など）、通園の送迎などのサポートを利用することができる。

障害を抱えながら子育てをしている保護者に対して、保育者は極めて重要な役割を担っている。保育者はまず、障害のない人にとって“当たり前であること”が、障害のある人にとって“当たり前なことではない”ということを、真の意味で理解できていなければならない。また、当事者の苦労や困り感は、障害の種別や程度、家族や医療・福祉のサポート、そして、何より個人によって当然異なっている。したがって、保育者には、その人自身の視点に立つとともに、それぞれの固有の事情について十分に把握したうえで、子育て支援に取り組むことが求められるのである。

2 保護者が心の病気を抱えている家庭

心の健康問題の現状と心の病気を抱える保護者への支援について学ぼう。

（1）日本における心の健康に関する問題の現状

今日のような激動する時代にあっては、誰もがストレスと無縁ではなく、さまざまな葛藤や不安を抱えて生活している。こうしたことから、心の健康問題は、これまで以上に深刻な問題になってきている。

厚生労働省は、病院および診療所を利用する患者について、その属性、入院・来院時の状況および傷病名等の実態を明らかにするために、患者調査を3年ごとに実施している。2020（令和2）年の調査[2)]によると、「精神及び行動の障害」の分類に加え、てんかん・アルツハイマー病等を含む精神疾患の患者数が、約614万8000人にもなっている。

この結果は、コロナ禍での調査、集計方法の変更がされているため、前回2017（平成29）年の調査の約419万3000人と単純比較はできないが、約200万人も増えている。この値は、2020（令和2）年の総人口推計である1億2614万6000人の4.9%にあたり、約20人に1人が、心の健康に関する問題により、医療機関を受診し治療を行っているということがわかる。

2020（令和2）年の調査結果の内訳の上位2つの分類は、人が生活する社会的な背景や環境、悩みやストレス状態など心理的な葛藤の要素（心因性）が強く影響するものである。気分（感情）障害（躁うつ病を含む）は、2017（平成29）年の調査から、約1.3倍の172万1000人、神経性障害、ストレス関連性障害および身体表現性障害では、約1.5倍の124万3000人にまで増加している。

このように精神疾患の患者数は総じて年々増加しており、したがって、心の健康に関する問題は、誰にとっても無関係でなくなっているのである。当然、子育て世代の人々、つまり保護者も例外ではない。

（2）心の病気を抱えながらの子育て

心の病気、精神疾患といってもさまざまな疾患がある。表12-2は、その一部を整理したものである。精神疾患に罹患（りかん）すると、考える、感じる、記憶する、判断することや、行動のための意欲・活力などに影響（精神症状）があり、疲労・倦怠感（けんたいかん）や不眠など（身体症状）の症状が現れるため、これまで強く意識せずにごく自然に行えていたことがむずかしくなってしまう。

一般に、保護者が慢性的な疾患や心身の病気を抱え、療養中の場合、日々の家事や育児、そして仕事を完全にやり遂げるには大きな困難がつきまとう。精神疾患のある場合、どうしてもその日の体調にふり回されながらの生活となってしまう。保護者は子どもに何とか不便をかけないように無理をする、子どもは保護者の負担にならないように無理をすることで、互いの負担がより増大してしまうこともある。保護者自身が、心の健康に問題を抱えていることを、園や保育者に伝えられないことも考えられる。そうした場合、保育者は、保護者の表情の暗さ、笑顔のなさ、会話の応答、行事への不参加、子どもの遅刻、欠席、忘れ物などの変化を気に留める必要がある。

保育者からすると、保護者の家事や育児について、「なぜ、もっとしてあげないのだろう」と、子どもがかわいそうだと感じることもあるかもしれない。しかし、保護者は「したくないからしない」のではなく、「したくてもできない」状態にあることもあり得る。保育者には、自分の視点ではなく、保護者の視点に立つことが求められるのであって、そのことが保護者への理解と必要な配慮を考える土台となる。

表12-2 主な心の病気

統合失調症		統合失調症は、心（感情）や考えをまとめることがむずかしくなるため、気分や行動、人間関係などに影響が生じ、日常生活に支障が出てしまう状態である。健康なときにはなかった状態が現れる陽性症状と、健康なときにあったものが失われる陰性症状がある。陽性症状の典型には、幻覚と妄想があり、周りの人には聞こえない声が聞こえる幻聴、いやがらせをされているといった被害妄想が多く見られる。陰性症状では、意欲の低下、感情表現が少なくなる、などが見られる。
気分障害	うつ病	うつ病は、1日中、気分が落ち込み、何をしても楽しめない、自責的で悲観的な考えといった精神症状とともに、眠れない、食欲がない、疲れやすいなどの身体症状が見られる。そのため、日常生活に大きな支障が生じる。
	躁うつ病	双極性障害は、躁状態（気持ちの昂りと過活動）とうつ状態（憂うつで無気力）という両極端な状態を繰り返し、日常生活に支障が出てしまう状態である。躁状態から突然うつ状態に切り替わることもあれば、数か月、数年の間隔をあけることもある。躁状態になると、不眠不休で活動したり、次々にアイデアが浮かび、自分を偉大な人物であると感じたり、散財、浪費といった行動が見られるようになる。
神経症、ストレス関連性障害および身体表現性障害	パニック障害・不安障害	パニック障害・不安障害は、突然理由もなく、動悸やめまい、発汗、窒息感、吐き気、手足の震えといった発作（パニック発作）が起こり、生活に支障が出てしまう状態である。この発作は、死んでしまうのではないかと思うほど強くコントロールできないと感じる。発作を繰り返すことで、また発作が起きたらどうしようかと不安感に苛まれる（予期不安）、発作が起きやすい場所や状況を避ける（広場恐怖）といった症状や行動が見られるようになる。
	強迫性障害	強迫性障害は、自分でつまらないとわかっていても意思に反して頭に浮かび、払いのけられない考え（強迫観念）から生まれた不安にかき立てられ、何度も同じ確認などを繰り返す（強迫行為）など、日常生活に大きな影響が出てしまう状態である。代表的な症状として不潔と感じるものへの恐怖から過剰に手を洗う、戸締まりなどを何度も確認する、などがある。
	身体化障害	身体化障害は、身体の病気だと思われるような頭痛・吐き気・嘔吐・腹痛・失神などの身体症状があるが、身体の診察や検査ではそれに見合った所見がなく、一方で、症状そのものや症状にともなう苦痛、不安によって、生活に支障が生じてしまう状態である。

出典：厚生労働省「知ることからはじめよう みんなのメンタルヘルス」を基に作成

3 不適切な養育や虐待に陥らないよう見守りたい家庭

児童虐待の現状と保護者の不適切な養育、虐待と子どもの障害との関連について学ぼう。

（1）児童虐待の現状

子どもへの虐待は、子どもの尊い命が奪われることにもなりかねない。また、実際にそうした深刻な出来事は後を絶たず、看過できない状況が続いている。全国225か所の児童相談所による相談対応件数は、2021（令和3）年度も増加し続け、過去最多の20万7660件に上っている[3)]。ただし、この増加要因には、虐待相談窓口の普及などによる家族・親戚、近隣知人、児童本人からの通告の増加があるとされる。

さらに、相談内容別に見てみると、心理的虐待（言葉による脅し、無視、兄弟姉妹間での差別的扱い、子どもの目の前での家族に対する暴力など）が最も多く（12万4724件：60.1％）、次いで身体的虐待（殴る、蹴る、投げ落とす、溺れさせるなど）の占める割合（4万9241件：23.7％）が高くなっている。虐待は、保護者の要因、子どもの要因、そして保護者と子どもを取り巻く背景・環境の要因が複合的に絡み合って生じるものである。厚生労働省によれば、保護者の要因の1つが、これまで取り上げてきた、精神障害、知的障害、アルコール依存、薬物依存であり、そして、子どもの要因の1つが、障害である[4)]。

（2）障害のある子どもへの不適切な養育と虐待

わが子に「障害があります」「障害が残ります」と告げられたとき、保護者はどのような思いを抱くのだろうか。告げられるタイミングは、妊娠中や出産直後、乳幼児期の疾病や不慮の事故やけが、もしくは発達の過程で判明するなど、さまざまである。保護者はどれだけの悲しみ、痛みや絶望を感じ、どれだけ自分を責め、その事実を受け入れるまでにどれだけの時間を必要とするのか、考えも及ばない。

子どもが保育所に通う家庭を対象とした子育てに関する悩みや不安に関する調査[5)]において、障害のある子どものいる家庭（258世帯）では、それ以外の家庭（6025世帯）と比べて、すべての項目において、悩みや不安を感じている割合が高く、特に「子どもの発達や発育が気になる」が70.2%（約7倍）、「子どもの健康状態が気になる」が15.5%（約2倍）、「子どもに対する接し方が分からない」が10.5%（約2倍）と大きな差が示されている。

多くの保護者が自身の子ども時代の思い出や経験をふまえて、わが子が「○歳になったら○○をしてあげたい。一緒に○○をしたい」など、これから先の成長を想像し、子どもに豊かな経験を提供したいと考えるだろう。しかし、障害のある子どもの成長は、その速度や順序、領域間の進み方もそれぞれであり、先行きを見通すことがむずかしく、思い描いてきた子ども像や親子の時間、子育てとの隔たりが生じてしまう場合もある。

そして、親子の時間を過ごすなかで、保護者は、子どもに対して「また、（子どものことが）わからない」「まだ、通じ合えない」「また、（私を）困らせる」「まだ、できない」「できるはずなのに、また、やらない」などの思いを募らせてしまう場合もあり、子育てに注ぐエネルギーは計り知れず、直面する負担感は予測を超えてしまうこともある。保護者は、「どうしてなのか」「どうしたらよいのか」と必死に答えを探すなかで、行き場のない不安、焦りやいらだち、自分の無力さ、孤独感といった負の感情の渦の中から抜け出すことができなくなってしまうこともあるだろう。心の余裕を失う状況に追い込まれてしまうと、支配的・威圧的で不適切な養育が誘発され、いつしか自制心も利かなくなり、虐待行為に結びつくことは想像にかたくない。

保護者自身が、出口の見えない真っ暗なトンネルを独りで歩んでいる状態にあったとしても、その心理的な葛藤を表面上には出さないこともある。目の前にいる保護者が、いったい今、何に困り、どのような支えや救いを求めているのか。保育者として何ができるのかを真摯に考え、寄り添う姿勢が、保護者にとって大きな支えになることもある。

もちろん、虐待という行為は、いかなる理由があったとしても、許されるべきものではない。子ども、保護者の様子に対して、保育者は高い感度をもち、目を配ることが必要である。もし虐待の疑いを感じた際は、躊躇（ちゅうちょ）せずに園長、主任に報告・相談し、児童相談所等に通告することを忘れてはならない。

さらに詳しく学ぶ

1 特別支援教育の現状

障害のある子どもの個々のニーズに応じた教育支援をめざす「特別支援教育」がはじまって15年以上が経過している。その現状について文部科学省の資料[6]から見ていきたい。2022（令和4）年5月1日現在、日本の義務教育段階の児童生徒数は約952万人である。そのうちの約59万9000人が、特別支援学校（約14万8600人）、特別支援学級（約35万3400人）に在籍したり、通級による指導（約16万4700人：2020（令和2）年時点）を受けたりしている。これは全児童生徒数の6.3%に相当し、2012（平成24）年度から、2倍に増加している。さらに2022（令和4）年に文部科学省が行った調査[7]によると、知的な遅れがないものの学習面または行動面で著しい困難を示す通常学級に在籍する児童生徒は小・中学校で8.8%存在し、小学校の第1、2学年では12%超であった。

また、保育現場においても、いわゆる「気になる子」の存在がある。「保育所等における障害児に対する保育内容及び関係機関との連携状況等に関する調査」(2022年)[8]によると、「特定の判定は受けていないが発達上の特性から保育所等の生活において困難を抱えており、特別な支援が必要と考えられている子ども（気になる子)」が、「いる」と回答した施設は8111か所(89.8%）に上り、そのうち認可保育所は93.1%、認定こども園は94.9%と高い割合となっている。保育所等のうち、現在、各施設で受け入れている「気になる子」の平均人数は、23.01人となっている。また、「気になる子」の状況ごとの平均人数は、「落ち着きがない」3.48人、「集団の活動に参加できないときがある」3.38人、「生活の場面や活動を切り替えることが難しい」が3.23人となっている。2歳児、3歳児が最も多く、年齢が上がるにつれて、その数は減少する傾向にあるとしている。

2 障害のある子どもの保護者に寄り添う支援

障害のある子どもの保護者は、「わが子は将来どうなるのだろう」「親としてやっていけるのだろうか」「原因は私にあったのではないか」「家族や親戚にどのように伝えればよいのか」など、悩み、とまどい、混乱のなかにいる可能性がある。

障害のある子どもの親の障害受容、心理面の変化について、ドローターはショック、否認・拒否、悲しみと怒り・混乱、適応・安定、再起といった親の情動的反応の過程について仮説を立て、障害の受容過程を説明している[9)]。保育者は、障害のある子どもの保護者の情動的反応の過程について、理解したうえで保護者支援を行う必要がある。また、専門機関につなぐなどの支援を行う際には、何よりも保護者の今の状況に寄り添うことが求められる。そのうえで、保育者は保護者と子どもの育ちを共有しながら、ともに障害のある子どもの発達状況に対応した個別の支援計画を作成し、個別の支援を実施していくこととなる。

復習ワーク

1. **障害の種類別に保護者が子育てをする際の困難さを想像し、必要な配慮についてまとめてみよう。**
2. **心の病気の種類別に保護者が子育てをする際の困難さを想像し、必要な配慮について考えてみよう。**
3. **子どもの発達的な課題に保護者が気づきにくい理由をまとめ、保育者として必要な支援について考えてみよう。**

引用文献

1) 内閣府「令和4年版障害者白書（全体版）参考資料　障害者の状況」2022年
2) 厚生労働省「精神保健及び精神障害者福祉に関する法律と精神保健福祉行政の現状について（令和4年度精神保健指定医研修会資料）」2022年
3) 厚生労働省「令和3年度児童虐待相談対応件数」2022年
4) 厚生労働省「子ども虐待対応の手引き（平成25年8月改訂版）」2013年
5) みずほ情報総研株式会社「保育所における障害児保育に関する研究報告書」2017年
6) 文部科学省「特別支援教育の充実について」2023年
7) 文部科学省「通常の学級に在籍する特別な教育的支援を必要とする児童生徒に関する調査結果（令和4年）について」2022年
8) PwCコンサルティング合同会社「保育所等における障害児に対する保育内容及び関係機関との連携状況等に関する調査」2022年
9) Drotar, D., Baskiewicz, A., Irvin, N., Kennell, J. & Klaus, M. "The Adaptation of Parents to the Birth of an Infant with a Congenital Malformation: A Hypothetical Model" *Pediatrics*, 56(5), pp.710-717,1975.

第13章

家族・家庭の意義と機能

この章のねらい

社会の変化にともない家族も変化してきた。そして、その変化の過程で家族は個人にとっても社会にとってもその意義と機能を変化させてきた。本章では、家族の意義とその機能について、個人の観点と社会の観点という2つの異なる視点からどのように考えられてきたかを学び、今も絶えず変化し続ける家族への理解を深める。

この章の構成

授業までの準備 —私たちにとっての家族・家庭とは何か—

以下は、30歳代の3人の会話である。

あき　：正月に実家に帰ったら、うちのママが「結婚はまだなの？　早く孫の顔が見たいわ。女の幸せは結婚よ！」って。もうウンザリ！

たかこ：へえ、そうなの？　私は結婚願望が強いから最近、焦ってきているのに、うちの親は2人とも「いつまでも家にいていいよ」って。拍子抜けしちゃう。まあ、家は居心地がいいからそれも悪くないかなって思う自分もいるけど。

みのり：一緒に生きていきたいと思える人と出会えればそれに越したことはないけど、出会いの機会って多くないしね。うちの両親みたいに恋愛結婚して、今も子どもから見てもうらやましいくらい仲のいい2人がつくった家庭には憧れるけどね。

あき　：みのりのお母さんは専業主婦なの？

みのり：ううん。バリバリの仕事人。母親が就職した当時は周りに女性が少なくて仕事と家庭の両立は大変だったみたいだよ。

たかこ：みのりのお母さんってすごいね、尊敬しちゃう。

みのり：父親が「超」がつくほど家事マニアでさ、下手したら母親より腕は上。互いに助け合ってここまで来たって感じかな。

あき　：そんな家庭もあるんだ。憧れるわ〜。

? 考えてみよう

1 事例を読んで、あなたにとっての家族の重要性とは何かを考えてみよう。

2 周りの友だちや知人にとっての家族とは何かについて聞き、あなたとの共通点や違いなどわかったことをまとめよう。

基本を学ぶ

1 「家族の意義と機能」を学ぶための準備

「家族の意義と機能」について学ぶために、まず「意義」と「機能」の意味を確認しよう。

「家族の意義と機能」を学ぶにあたり、まずは「意義」と「機能」という言葉の意味について確認したい。「意義」とは、物事や（誰かの）行為といった対象についての価値や重要性を意味する。したがって、「家族の意義」とは、家族の価値や重要性ということになるが、ここで大切になるのは誰にとっての「家族の意義」であるかということである。子どもにとっての家族あるいは家庭とは、安全と安心を実現するよりどころといえるものである。さらに、自分以外の人間という意味において、他者でもある家族成員との共同生活を通じて心身の成長、言葉の獲得、親や兄弟姉妹との関係性の構築、そして複数の人間が共同生活をする際に必要なルールを学ぶなどの意義があるといえる。事例の3人にとっての家族の意義を読み取ることとあわせて、あなた自身にとってあなたの家族はどのような価値や重要性があるかを考えてみることは、この章の学びを深めるためにとても重要である。

次に、「機能」の意味を確認する。「機能」とは、互いに関連しながら全体（もしくは、集合）を構成しているそれぞれの個々の部分が、その全体のなかで果たしている固有の役割のことである。この全体は「システム」とも呼ばれ、「複数の部分がルールに則って互いに関連しながら構成している全体（もしくは、集合）」と定義することができる。一人の人間もそうであるし、人の集まりとしての家族はシステムともとらえられる。私たちがふだん「社会」と呼んでいる対象もこれに当てはまる。そして、家族は社会システムにとってはそれを構成する部分であり、家族システムにとっての最小単位は家族の成員一人ひとりを指し、成員にはそれぞれ固有の役割があることはいうまでもない。多くの場合、家族には仕事に就き収入を得る者、家事を担う者、育児を担う者、看病する者、近所とのコミュニケーションを担う者などが存在する。本章の学びを進めるにあたり、あなた自身の家族成員は、それぞれどのような重要な役割を担っているかを考えることが大切である。

「意義」と「機能」の意味を確認したところで、「家族の意義と機能」が意味することについて考えることができるようになった。ここで気づくのはそもそも誰にとっての「家族の意義」であるのか、そして「家族の機能」とは、どの立場から見た場合を指すのかによって、その意味が大きく異なるということである。それは、すなわち家族成員の一人としての観点から考える「家族の意義と機能」と社会という大きな観点からの「家族の意義と機能」とではそれが意味するものが異なるということである。

2 個人にとっての「家族の意義と機能」：人間の基本的欲求から考える

人間の基本的欲求から「家族の意義と機能」について学ぼう。

アメリカの心理学者マズローは、①生理的欲求（生命維持に必要な欲求で食事、睡眠、排泄、生殖など）、②安全の欲求（危険、病気・けがなどから守られ、安定した生活が得られること）、③所属と愛の欲求、④承認欲求（他者から認められること、自分自身を認めること）、そして、⑤自己実現の欲求（なりたい自分になること）の5つの基本的欲求を示している[1]。マズローは、人間は低次の生理的欲求が充足すると、順により抽象度の高い高次の欲求充足へと向かい、最終的には「なりたい自分の実現」への欲求、自己実現欲求を希求するようになるとした。

表13-1 マズローの基本的欲求と具体例

マズローの基本的欲求	具体例
自己実現の欲求	「なりたい自分」像
承認欲求	他者からの承認 自分自身が承認できる自分
所属と愛の欲求	他者からの愛情 所属（仲間、家族、組織など）
安全の欲求	危険、病気・けがを回避する手段・状況 安定した生活
生理的欲求	食事、睡眠、排泄、生殖

家族システムがこれら5つの欲求の充足に大きな役割を果たしていることはいうまでもないが、マズローがいうように、基本的欲求はすべて同時に希求されるというわけではない。人間の欲求はその成長段階や置かれた状況によって異なってくるからである。たとえば、幼い子どもにとっては、生理的欲求と安全の欲求の充足という意味において家族は大きな存在意義をもつ。また、成人の親にとっても家族は所属の基礎であり、家族をもつ者や「親」としての社会的承認を得ることを可能にする。そして、「子どもをもちたい、育てたい」、つまり「親になりたい」という自己実現欲求を充足する機能を家族システムがもつということが理解できる。このように、人間の基本的欲求を充足する機能をもつ家族という文脈で個人から見た家族の意義を考えることができるのである。

3 社会から見た「家族の意義と機能」

社会的に「家族の意義と機能」はどのようにとらえられてきたのかを学ぼう。

（1）オグバーンの家族機能縮小論 ：産業化と伝統的な家族機能の縮小

多様な価値観・人生観を認める現代社会においては、社会にとっての家族の意義とその機能を議論する際には慎重さが求められる。なぜなら、社会の構成成員の一人ひとりが追求するよい人生や生活のあり様は、社会という観点からのものと必ずしも一致するわけではないからである。そのうえで、ここからはあくまでも社会にとって「価値ある家族の機能」とはどのようにとらえられてきたのかを紹介する。

家族機能については、心理学、社会学、経済学、文化人類学、そして看護学などのさまざまな学術領域でも議論されてきた。なかでもアメリカの社会学者オグバーンが提唱した家族機能縮小論は、家族機能に関する議論に火をつけ、その後の家族研究にも多大な影響を与えてきた。オグバーンは社会が産業化、つまり農業中心の社会（農耕社会）から工業中心の社会（産業社会）へと移り変わるにつれて、家族は伝統的にもち合わせてきた機能を縮小させるとしている。

そもそも農業中心の社会において、家族は①生産から消費まで家族成員による自立した「経済」、②○○家に属することによる社会的な「地位付与」、③子どもの「教育」、④成員の世話・看護・介護などの「保護」、⑤代々受け継がれてきた家族の規範・よりどころとしての「宗教」の実践（冠婚葬祭など）とその継承、⑥成員への「娯楽」の供与、⑦成員間で取り交わされる「愛情」の授受の7つの機能を有していたが、部分的ではあるものの社会の産業化が進むにつれ「経済」は就業先へ、「地位付与」は学歴や職業へ、「教育」は学校をはじめとする教育機関へ、「保護」は病院や福祉施設へ、「宗教」は教会など宗教団体へ、そして家族の「娯楽」は娯楽産業へと移譲されると説明している。このように、家族機能が家族から社会へ移譲されることを家族機能の社会化と呼ぶ。表13-2に示したとおり、私たちは伝統的家族の機能の多くの部分が社会化されていることを知っている。特に、「教育」「保護」（医療・福祉）、そして「娯楽」は現代社会において重要な産業分野の1つとなっており、家族は必要に応じてそれらのサービスを購入している[2)]。

表13-2 オグバーンの伝統的家族機能と社会化

伝統的家族機能	社会化：移譲先
経済	就業先（企業、生産団体）
地位付与	所属団体（出身校、就業先）
教育	教育機関（学校、養成所）
保護	公私医療・福祉制度・サービス
宗教	寺社・教会・宗教団体
娯楽	娯楽・レジャー産業
愛情	——

社会の産業化は家族形態を拡大家族（夫婦とその子どもおよび祖父母などの血縁者からなる家族）から核家族（一組の夫婦とその未婚の子どもによって構成される家族）へと変化させたことも忘れてはならない。オグバーンが主張するように、家族機能が縮小した背景には家族形態の変化もある。たとえば、拡大家族では、育児について夫婦だけでなく同居する祖父母などの協力を得やすい状況があったが、共働きの夫婦からなる核家族では、就業中は子どもを保育所等に預ける必要が生じる。

社会が持続可能であるかどうかは、構成成員の確保と彼らの安定した生活の実現にかかっている。深刻な少子化に歯止めがかからない日本では、最近になってようやくその解決に向けた議論が行われるようになった。人口に占める高齢者の割合に対し、生産年齢人口（15～64歳）は減少を続けており、この状況をこのまま放置すれば、社会経済の活力低下や憲法25条にある「国民の健康で文化的な最低限度の生活を営む権利」を実現するために設計・運営されてきた社会保障制度の維持が困難になることはいうまでもない。

（2）マードックとパーソンズの家族機能論 ：核家族の機能

社会からの観点に徹したうえで、社会が構成成員を確保すること、そして彼らの安定した生活を実現することについてアメリカの文化人類学者マードック, G.P.は、普遍的家族形態としての核家族は、①衣食住をともにする「経済的機能」、②夫婦の性的欲求の充足とそれを統制する「性的機能」、③子どもをもつ「生殖機能」、そして、④子どもの初期の社会化を目的とした子育てと教育の「教育的機能」の4つの機能をもつとした[3)]。

アメリカの社会学者パーソンズ, T.は家族を「社会のなかの1つの分化した下位体系」とみなし、子どもの「社会化」と「成人のパーソナリティ安定化」を核家族の最も重要な機能としている。「社会化」とは、個人が所属する社会の価値・規範・行動様式等を習得して社会に適応する過程である。パーソンズによれば、父親は家の外で働き稼ぐという課題を遂行する手段的役割を担い、母親は子どもたちの情緒的安定化の役割を担う。そして、子どもは同性の親と自分を同一視することで社会化がうながされるという。そして、成人へと成長した子どもたちは社会成員の一人として外部の人々や組織・集団と交流するようになるが、時には社会化を通じて形成された人格、パーソナリティを脅かす事態も発生する。家族・家庭が家族成員にとって安らぎと憩いの場であり続けることで成員の情緒と精神の安定化が図られ、成人は社会成員としての役割を担い続けることができるのである[4)]。

21世紀を生きる私たちにとって、社会の観点から展開されるマードックとパーソンズの家族機能論には、合意できる部分がある一方で違和感を覚える点もある。たとえば、パーソンズの父親と母親の性別に基づいた役割分担による子どもの社会化の説明は父権主義に偏ったものであり、現代の多くの家族にはこれが当てはまらない。これはつまり、社会と家族は常に変化し続けているのであり、家族とは何かについて、これからも考え続ける必要があることを示している。

ここでは紹介できなかった家族機能論は他にもある。たとえば、家族心理学では家族関係や家族間コミュニケーションと家族成員の精神・情緒的安定との関連を説明するものもあり、その知識は家族療法というかたちで家族支援にも用いられている。親子関係・家族関係については第14章で学ぶこととする。

現代の家族が個人そして社会にとってどのような意義をもつのか、それを具体的にする家族機能を考えることで家族への理解をより深めることができる。

さらに詳しく学ぶ

1 産業化と家族形態の変化

オグバーン、マードック、そしてパーソンズの家族機能論から、家族形態が拡大家族から核家族へと変化した背景には社会の産業化があることを理解した。ここでは、日本においても同様のことが起きたのかについて見ていく。

日本における産業3部門別の15歳以上就業者数の推移（表13-3）を見ると、1955（昭和30）年には第1次産業の従事者数が最も多かった。しかし、25年後の1980（昭和55）年時点では、第3次産業の従事者数が過半数を超え、それ以降、2020（令和2）年現在に至るまで一貫して増加し続けている。一方、第1次産業は2020（令和2）年時点で3.2%にまで落ち込み、第2次産業も減少が続いている。

産業の中心が第1次産業から第3次産業へと移行するにつれ、人の流れが地方から都市部へと移行した。高度経済成長期（1955（昭和30）年から1973（昭和48）年）、日本のいわゆる三大都市圏である東京、名古屋、大阪の転入超過数（転入者数から転出者数を差し引いた数）が増加し、2004（平成16）年には三大都市圏の人口比率は全国の人口の過半数を超え今日に至っている[5)]。

表13-3 産業3部門別15歳以上就業者数の推移

年次	第1次産業	第2次産業	第3次産業	平均世帯人員	単独世帯
1955（昭和30）年	16,291（41.1%）	9,247（23.3%）	14,051（35.5%）	4.97	3.4%
1980（昭和55）年	6,102（10.9%）	18,737（33.6%）	30,911（55.4%）	3.33	17.4%
2020（令和2）年	2,127（3.2%）	15,317（23.4%）	48,023（73.4%）	2.21	38.1%
傾向⇑⇓	⇓	⇓	⇑	⇓	⇑

注：従業者数は1桁が千人を表す（例：39,590⇒39,590,000人）。産業別従業者数の割合は（%）で示している。産業3部門に含まれる産業大分類は次のとおり（第1次産業：「農業」「林業」「漁業」、第2次産業：「鉱業」「建設業」「製造業」、第3次産業：前記以外の産業）。

資料：1955（昭和30）年および1980（昭和55）年は『平成27年国勢調査』、令和2年は『令和2年国勢調査』より作成

2 「家族」の解体と高齢化

日本では、地方から都市部へと人々が移動し、家族形態も拡大家族から核家族へと移行している。高度経済成長期に突入した1955（昭和30）年時点で核家族世帯は一般世帯（住居と生計をともにしている人の集まりまたは一戸を構えて住んでいる単身者をいう）全体のおよそ6割に達し、現在に至っている。ただし、1世帯当たりの人員は1955（昭和30）年時点で4.97人であったが2020（令和2）年時点では2.21人に減少しており、家族規模の縮小傾向が止まる気配はない。その一方で、世帯人員が1人の単独世帯は増加の一途をたどり、一般世帯全体に占める割合は1955（昭和30）年時点で3.4%であったのに対し2020（令和2）年時点では38.1%に達し、そのうちおよそ2割が65歳以上の高齢者世帯である。

パーソンズは家族を「社会のなかの1つの分化した下位体系」とみなした。社会を構成する下位体系としての家族は、次から次へと新しく生み出されなければならないが、家族規模の縮小に留まらず、新たな家族が生まれにくくさえなっている。社会成員の多くが家族のいない日常を、場合によっては孤独のうちに日々の生活を送っているのである。

その是非はともかく、複数人から成る伝統的家族には互いに助け合う機能が備わっていた。そして家族・家庭が安らぎと憩いの場と感じる者も相当数いるはずである。家族の解体の現実を目の当たりにしている私たちが、これらの社会成員一人ひとりの安心・安全で豊かな生活を実現するため、これま

で家族に負わせてきた役割を社会成員でどのように分担できるかを考えるときがきたといえる。

復習ワーク

1. 家族形態（世帯）の実態をまとめてみよう。
2. 社会への移譲が十分とはいえない家族機能は何かをまとめてみよう。
3. 孤独にまつわる社会問題には何があるかを調べてみよう。

引用文献

1) A.H.マズロー、小口忠彦訳『人間性の心理学――モチベーションとパーソナリティ 改訂新版』産業能率大学出版部、pp.56-72、1987年
2) Ogburn, W.F. "The Changing Family", *The Family*, p.139, 1938.
3) G.P.マードック、内藤莞爾監訳『社会構造――核家族の社会人類学 新版』新泉社、p.25、2001年
4) T.パーソンズ・R.F.ベールズ、橋爪貞雄・溝口謙三・高木正太郎・武藤孝典・山村賢明訳『家族――核家族と子どもの社会化』黎明書房、p.35、2001年
5) 総務省「報道資料 人口推計2021年（令和3年）10月1日現在」2022年

第 14 章

親子関係・家族関係の理解

この章のねらい

子どもを取り巻く環境のなかで、家庭は決定的に重要な位置を占めるが、家庭そのものは、現実にはそう単純明快ではなく、特にそこでの人間関係、つまり親子関係・家族関係は外部からは見えにくいものである。したがって、子ども家庭支援に際しては、とりわけ、この見えにくい関係についての深い理解が求められる。本章では、親子関係・家族関係をめぐる多様な問題、関係把握の技法、それをふまえた支援などについて学ぶ。

この章の構成

授業までの準備 ―親子関係の理解と支援―

以下は、学生と教員との会話である。

学生：親子関係が悪化した場合の家庭支援はむずかしいですよね。
教員：そうですね。親子関係は単純な理由で悪化したり、複雑な問題が絡み合って悪化したりするので、まず正確に問題を把握する必要があります。
学生：しかし、親子関係の問題を外部から正確に把握することもむずかしいですよね。
教員：親子関係が悪化して、児童虐待という事態になれば、外部から正確に状況を把握することは極めてむずかしいです。児童虐待の発見が遅れた場合、問題が深刻化してしまい、支援が困難になることがあります。早期に発見して、支援する必要があります。
学生：児童虐待が明らかになって問題が深刻化する前に、予防的に支援することが大切ということなのでしょうか。
教員：そうです。児童虐待を予防する支援は重要です。しかし、そのためには支援する側が親子関係について深く理解している必要があります。
学生：それでは、親子関係を深く理解するためには、どのような方法があるのでしょうか。
教員：親子関係を理解する方法としては、たとえば「ジェノグラム」や「エコマップ」といった方法があります。
学生：大変むずかしそうですが、保育者として親子を支援するために、専門的な知識をしっかりと学び、習得していきたいと思います。
教員：保育者には、保護者が子どもの成長に気づいて、子育ての喜びを実感できるように支援する役割が期待されています。そのためには、親子関係の現実やそれを取り巻く環境について正確に把握し、そのことによって良好な親子関係の形成に向けた支援への手がかりを得る必要があります。

? 考えてみよう

1 なぜ親子関係の理解が必要なのか考えてみよう。

2 保育者としてどのように親子関係を理解し、支援したらよいか考えてみよう。

基本を学ぶ

1 子育て家庭における多様な問題

日本の子育て家庭の現状、子育て家庭の多様な問題、特に親子関係について学ぼう。

（1）多様な問題を抱える子育て家庭

今日では、都市化や核家族化が進行するとともに、地域社会で子育て家庭を支え合う機能が低下することによって、地域社会から子育て家庭が孤立し、子育て不安や虐待問題が深刻化している。たとえば、子育てをしている家庭のなかには、近隣の子育て仲間との交流もなく、家族や親、親族からのサポートが得られないだけでなく、地域社会から孤立してしまっているケースも見受けられる。また、子育て家庭が、抱え込んだ子育ての不安やストレスが引き金となって、子どもの健やかな育ちが脅かされる事態へと悪化していくこともある。さらに、地域社会から孤立している場合には、児童虐待などによって、子どもの生命が危ぶまれる事件も生じており、喫緊の対応が必要となっている。

また、子育てと仕事を両立することが困難である社会状況や子育てと家事の性別役割分担意識の固定化は、子育てをする親の心理的負担感を増大させている。そして、心の健康の不調や精神疾患といった課題を抱えていたり、経済的な苦境や貧困状況に陥ったりしている子育て家庭も存在している。そうした多様な問題が複雑に絡み合い、問題の理解と解決が容易ではないケースが増加している。そのため、子ども家庭支援においては、年々高度な専門性が求められるようになってきている。

（2）親子関係・家族関係をめぐる多様な問題

子育て家庭のなかには、共働きの家庭もあれば、そうでない家庭もある。また、失業している家庭もあれば、ひとり親家庭もある。そうしたさまざまな子育て家庭が、親子関係をめぐって多様な問題を抱えている。親子関係をめぐる多様な問題に対応する際、個別のニーズを正確に把握することが必要となる。しかし場合によっては、家族（親など養育者）のニーズと子どものニーズが対立することがある。

たとえば、児童虐待が疑われる家庭において、親から離れて暮らしたいという子どもの主張と、引き続き子どもを養育したいと要望する親の主張が対立することがある。そうした場合、子ども家庭福祉の専門職は、子どもの最善の利益と子どもと子育て家庭の自己実現を達成するため、親と子のいずれの主張を優先させたほうがよいかという専門家の判断と、虐待と疑われる行為が社会通念上許容される限度を超えているかどうかという社会的判断に基づいて、適切な助言を行いながら、相談援助を進めていくことになる。

こうしたケースに対応するにあたっては、いわゆる**岡村理論**に基づいた**「社会関係」の二重構造理論**が有効であり[1)]、山縣はこの理論を図式化している（図14-1）。

その図に基づいていえば、児童虐待などの問題が発生した場合、まずは子どもと家族の「社会関係」を調整する必要があるが、この調整がうまくいかない場合には、一体化した子どもと家族と社会制度との「社会関係」の調整が求められるということになる。

子どもの最善の利益を考慮するならば、一体化した子どもと家族と社会制度の「社会関係」の二重構造を念頭に置いて、子どもの主体的な側面から関係を調整していくことが重要である。

図14-1　子どもと家族を巡る「社会関係」の二重構造

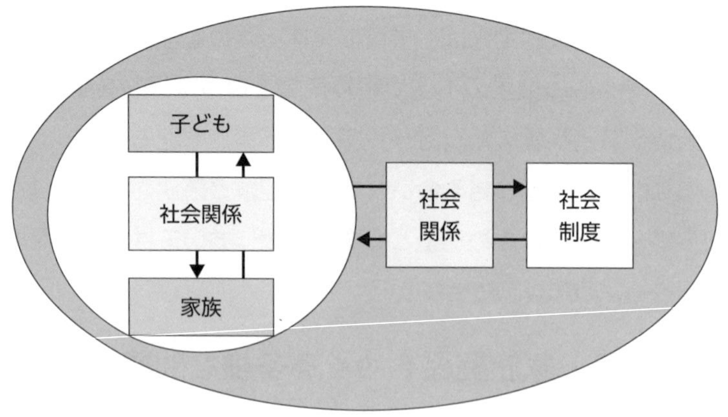

出典：山縣文治「子ども家庭福祉とソーシャルワーク」『ソーシャルワーク学会誌』第21号、p.4、2011年

2　親子関係・家族関係の把握

親子関係・家族関係を把握する際に活用されている「ジェノグラム」や「エコマップ」について学ぼう。

（1）ジェノグラム

親子関係・家族関係を視覚的に把握する際にジェノグラムが活用されている。ジェノグラムは、家族関係、世代間関係を図で示したものであり、同居家族、別居家族、死去した家族、兄弟姉妹、親族、結婚や離婚の状況、といった支援対象である子どもと家族の関係を一目で理解することができる。

ジェノグラムにおいては、女性は○、男性は□で示され、問題やニーズのある支援が必要な当事者については、女性の場合◎、男性の場合回と表記される。また、兄弟姉妹については年齢が最も高い者が一番左に記載され、右側にいくにつれて年齢が低くなる。そして、離婚の場合は⫽と記され、子どもがいる場合は父母のどちらが引き取って育てているかが⫽の位置で示される。なお、同居家族は点線で囲まれ、○□◎回と示された記号のなかに年齢が記載される。

「ジェノグラムはエコマップと併用して頻繁に用いられる、代表的なアセスメント・ツール」[2)]である。子どもと家庭を支援する際のアセスメント（事前評価）において、ジェノグラムを活用することにより、ニーズを抱える支援対象の子どもの親子関係・家族関係を視覚的に理解することができるのである。

図14-2のジェノグラムからは、5歳の男児（本児）は35歳の父と26歳の母の間に出生し、2歳の妹を含めた4人で同居していることがわかる。なお、父には離婚歴があり、38歳の元妻との間に8歳の女児がいる。また、本児には、52歳の祖母、32歳の伯母がいて、祖父は63歳で亡くなっているということが読み取れる。

図14-2 ジェノグラムの一例

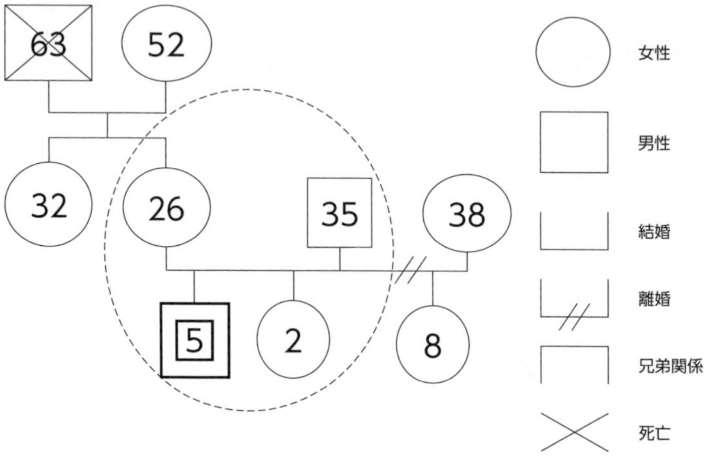

(2) エコマップ

親子関係・家族関係だけでなく、親と子が地域社会のなかでどのように生活しているか視覚的に把握するためにエコマップが活用される。エコマップは、1975年にアン・ハートマンにより考案され、ソーシャルワークの専門職などに対人援助場面で活用されているものである。

エコマップは、親子・家族を支える親族、知人、近隣住民といったインフォーマルなサポート資源と、市区町村の児童福祉課、保健センター、認定こども園、地域子育て支援拠点、医療機関などといったフォーマルなサービス資源を視覚的に示したもので、これを用いることにより、親子・家族が地域社会のなかにある制度・サービスをどのように活用しているか、逆に、活用できていないかといった状況を把握することができる。要するに、エコマップは「社会関係」を図示したものともいえる。

エコマップは、「記録用紙の中央に家族の状況を描き、その家族を取り巻くさまざまな社会環境との関係性や作用する力などを線の種類や矢印の方向などで表すこと」となっており、「その家族や個人のエコシステム、サポート・ネットワーク、ストレス領域などをアセスメントするためのマッピング技法」[3)]である。

図14-3のエコマップでは、以下のことが明らかになる。母親は、母方祖父母、友人(子育て仲間)、認定こども園の園長、地域子育て支援拠点の所長、児童発達支援センターの所長と強い関係にある。そして、民生委員、近隣住民、保健センター、小児科の医師(長女の主治医)と心理士、児童福祉

課の課長と普通の関係にある。

一方、父親は母親および母方祖父母とストレス関係にあり、持病のため通院している医療機関の主治医と弱い関係にあるだけで、親族、知人、近隣住民といったインフォーマルなサポート資源、市区町村の児童福祉課、保健センター、認定こども園、地域子育て支援拠点、医療機関などのフォーマルなサービス資源いずれともかかわりがない。

長女は、認定こども園、児童発達支援センターを利用し、担当保育士と普通の関係であり、長男は利用している地域子育て支援拠点の保育士と普通の関係にある。

図14-3 エコマップの一例

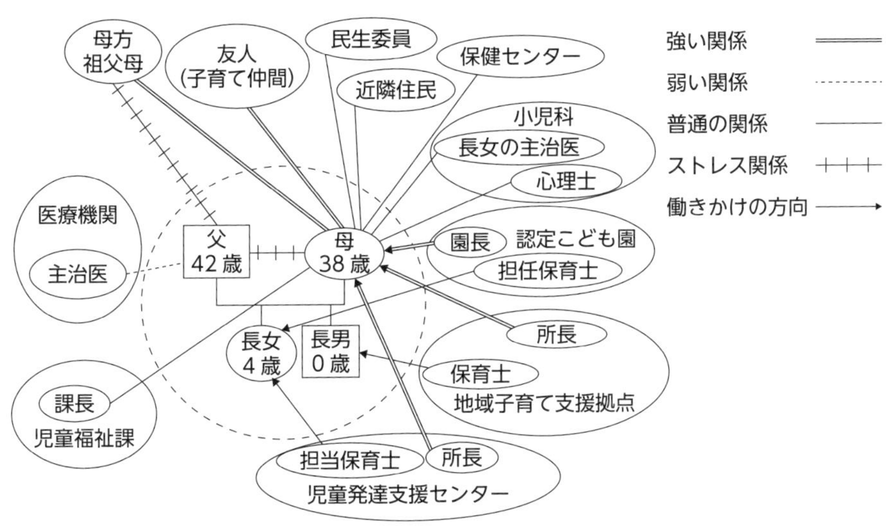

3 親子関係・家族関係の理解に基づく子ども家庭支援

親子関係・家族関係の理解に基づく子ども家庭支援について学ぼう。

(1) 愛着不形成と親子関係への支援

親子関係・家族関係の問題でとりわけ重要なものとして「愛着不形成」が

ある。子どもと子どもを養育する保護者の絆が強くなってくると、その関係を維持しようする「アタッチメント（愛着)」が形成される。しかし、親子関係において「愛着」が形成されなかった場合、「愛着不形成」に陥った親子関係への支援が必要となってくる。

ただし、保護者と子どもがそもそも強い絆で結ばれないこともある。たとえば、保護者が子どもに対して、過干渉であったり、暴言や暴力をふるったりする場合、子どもは不信感を抱き、保護者を受け入れられず拒否したりすることもあれば、心身に支障をきたして、精神疾患になってしまうこともある。したがって、その場合には、保育士などの専門職は子どもに対して安全な居場所を保障するとともに、支持的、承認的、共感的なかかわりを持続させ、保護者がそのようにかかわることができるように支援する必要がある。

また、親子関係が破綻して、愛着が形成されていないケースであっても、その支援の必要性を認識していない、支援を求めない、または、支援を拒否するといったことがある。こうした潜在的ニーズに関しては「当事者がニーズを顕在化できるようにするためのアプローチが処遇実践家等の専門家に求められる」[4)] とされている。

（2）ジェノグラムとエコマップを活用した支援

子育てをしている保護者は、子育て不安の高まり、気分の落ち込み、興味・関心の低下、イライラ感の増大、意欲の低下、集中力の低下など、さまざまな悩みやストレスを抱えることがある。また、寝つきが悪く、夜中に目が覚めるなどの不眠症状や、頭痛、肩こり、腰痛、目の疲れ、めまい、腹痛、食欲低下など、さまざまな身体症状に悩んでいることもある。保育士などの専門職は、子どもの発達や障害に関する相談、貧困状況に陥った場合の経済的支援に関する相談に加えて、こうした保護者の心理的、身体的症状に関する相談にも応じることになる。

このように子育てに関する問題は多様であるが、この多様な問題が複雑に絡み合い、状況が深刻化していることもある。そのため、問題理解と問題解決においては、親族、知人、近隣住民といったインフォーマルなサポート資源や、市区町村の児童福祉課、保健センター、保育所、幼稚園、認定こども園、地域子育て支援拠点、医療機関などのフォーマルなサービス資源を正確に把握し、支援することが必要になってくる。このことから、多様なインフォーマルなサポート資源とフォーマルなサービス資源を視覚化するジェノグラムとエコマップを活用した子ども家庭支援は有効であるといえる。

さらに詳しく学ぶ

ジェノグラムとエコマップを活用できるアセスメントシート

親子関係・家族関係の理解に基づく子ども家庭支援を行う際には、アセスメントが有効である。たとえば、榎本・知念によって研究開発された、利用者支援事業において活用される利用者状況アセスメントシートは、「利用者の基本的な情報を記す欄」「今後の援助方針を記す欄」「利用者状況6項目(①利用者の家族関係・その他の人間関係、また、利用者が利用中の福祉サービスなど、生活の状況に関すること、②子どもに関すること、③経済的な課題に関すること、④心と体の課題に関すること、⑤現状を理解するための生活歴、⑥利用者の良いところ、強みと考えられる部分)」から構成されている。A4サイズ1枚に利用者支援事業の利用者の利用状況を記入するものであり、ソーシャルワークの視点に基づき、利用者のストレングスに焦点を当ててニーズをアセスメントする。そして、①の欄に、ジェノグラムやエコマップを記入することにより、親子関係や家族関係に加えて、地域の福祉制度・サービスの利用状況についても把握することができるようになっている。

アセスメントシートの活用にあたっては、アセスメントの道具として活用できているかという点が最も重要であるため、ジェノグラムなどをきれいに書くことや細かいことを気にするよりも、実践に役立てることを念頭に置いて大事な情報を記入することが大切である。

利用者支援事業　**利用者状況アセスメントシート**　シート（　　　）枚目

初回利用日 年　月　日	記入日 年　月　日	作成者

利用者名 年齢（　　　）	利用の対象となる子どもの名前 年齢（　　　）
続き柄　□母　□父　□祖母　□祖父 □その他（　　　）	地域
利用者 連絡先	連携 機関
今後の 援助方針	

①利用者の家族関係・その他の人間関係、 また、利用者が利用中の福祉サービスなど、生活の状況に関すること	②子どもに関すること

③経済的な課題に関すること	④心と体の課題に関すること	⑤現状を理解するための生活歴

⑥利用者の良いところ、強みと考えられる部分

メモ：

出典：榎本祐子・知念奈美子「利用者支援事業　利用者状況アセスメントシートマニュアル」p.19、マニュスクリプト、2018年

復習ワーク

1. ジェノグラムを実際に描いて、説明をしてみよう。
2. エコマップを実際に描いて、説明をしてみよう。
3. 親子関係・家族関係の理解に基づく子ども家庭支援について、学んだことをまとめてみよう。

引用文献

1）岡村重夫『社会福祉原論』全国社会福祉協議会、p.90、1983年
2）秋元美世・大島巖・芝野松次郎・藤村正之・森本佳樹・山縣文治編『現代社会福祉辞典』有斐閣、p.160、2003年
3）2）に同じ、p.32、2003年
4）2）に同じ、p.293、2003年

第15章
子育ての経験と親としての育ち

この章のねらい

よくいわれることだが、人には本能的に育児能力が十分に備わっているわけではない。子育ては、子育てを経験した人から教えてもらったり、子育てをしている人を観察したり話を聞いたりすることによって、試行錯誤しながら身につけていくものである。しかし、今日の少子社会ではそうした子育ての学習がむずかしくなっている。本章では、生後3年くらいまでの子育ての知識と技術（ペアレンティング）の獲得を支援するプログラムの例を紹介し、学習心理学の理論などもふまえて、子育てを経験し親として成長すること、すなわち「親育ち」を考える。

この章の構成

授業までの準備 —親としての育ちは社会が支える—

以下は、子育て支援講座を受講したAさんの事例である。

Aさんは、子どもが生まれて1年あまり。授乳にも慣れ、子どもの睡眠も安定してきたため、子育てを少し楽しく感じはじめている。しかし、これから離乳や身辺自立、しつけなど、子どもの育ちを支えるなかで親として成長していくことを考えると、インターネットや雑誌などでの情報は多くあっても、身近にアドバイスなどをもらえる人や、親としてのモデルとなるような子育て中の人がおらず不安に思っていた。

そんなとき、Aさんが住んでいる自治体のホームページを見ていると、生後1年と1～2か月の幼児とその親を対象とした子育て支援の講座があることを知った。さっそく応募したところ、受講することができた。

この講座は、親子で参加するものであり、子どもの成長・発達についての話（講義）と子どもとの接し方の実技から構成されている。講義の間は、大学で児童心理学や福祉学を学んでいる学生がベビーシッターをしてくれる。また、10組程度のグループで、同月齢の子どもを育てている人と情報交換ができる仕組みになっている。週1回、ワンクール計7回のプログラムとなっており、母親だけではなく、父親や祖父母の参加も可能である。自治体と社会福祉協議会、大学との共同プログラムとなっている。

? 考えてみよう

1 身近な子育て中の人（複数）に、「親になることに不安を感じたことがあったか」を尋ね、あった場合には具体的な例を、なかった場合にはその理由を聞いて、書いてみよう。

2 身近な子育て中の人（複数）に、「親としてモデルとなる人がいたか」を尋ね、その人とどのようなかかわりがあったかを具体的に聞いてまとめてみよう。

基本を学ぶ

1 「親になること」と「親をすること」は同じではない

子どもが生まれ、生物学的、法的、社会的に「親になる」ことと、親として子育てをすること、つまり「親をする」ことの違いについて学ぼう。

人は一般的には子どもが生まれると、生物学的に「親になる」。そして、出生後14日以内に出生届を役所に提出すると戸籍がつくられ、法的に「親となる」。しかし、人の場合、子どもを世話し子どもの育ち、つまり「子育ち」を援助する知識や技術のほとんどは本能として備わっているわけではない。周産期に医療機関などで受ける講習、出産後の健診などでの医師、保健師の指導、あるいは子育て経験者などからのアドバイスを通して学ぶ必要があり、こうした学習によって「親をする」ことができるようになる。

アメリカなどでは「子どもの最善の利益」は、心理学的親のいる家庭的環境を社会が提供することによって護られると考えられている。心理学的親とは子どもを監護する力があり、子どもとの絆がしっかりできている保護者のことであり、「親をすること」のできる親は単なる生物学的親ではないと考えられている。「親をすること」と血のつながりは必ずしも同じではないといえる。親が「心理学的親」になるためには社会が親を支えること、つまりソーシャルサポートが必要となる。

2 「親をしないこと」と子ども虐待

ソーシャルサポートと親としての育ち、そして子ども虐待との関係を確認しよう。

今日、日本の地域社会においては、社会経済的な変化や少子化などによってソーシャルサポートが脆弱化(ぜいじゃくか)している。「親をすること」の学びを支える仕組みとしてのソーシャルサポートが、フォーマルにもインフォーマルにも弱くなっているのである。そうした仕組みをフォーマルに支える新たな取り組みが子ども・子育て支援新制度としてはじまり、現在2期目を迎えている。制度の1つの柱として地域子ども・子育て支援事業が各自治体で実施されており、そのなかの地域子育て支援拠点事業は、フォーマルなかたちで「親をすること」に重点を置いて支援しており、重要なフォーマルソーシャルサポートとしての役割を担っている。

子育て家庭における夫の育児休業取得や育児参加推進の取り組み、あるいは父母の兄弟姉妹や祖父母などの近親者、さらに近隣住民や友人などといったインフォーマルなソーシャルサポートの強化も重要である。しかし、こうしたインフォーマルサポートの強化は十分とはいえない。

数十年も前に、親が虐待に至る理論モデルを示したコッチらは、日常の生活のなかで積み重なり、虐待を引き起こす前提としての要因（子どもや親の「個人的要因」、多子や家族関係の問題といった「家族的要因」、就労や経済問題といった「社会的要因」、子どもの監護など「親をすること」に関する「ペアレンティング要因」）や、虐待への一線を越えさせる「引き金としてのストレス要因」を明らかにしている。このモデルで注目すべき点は、虐待への一線を越えさせる引き金としてのストレス要因があっても、虐待にまでは至らせない「緩和的要因」があることを指摘していることである。その要因を彼らは「ソーシャルサポート」とした。フォーマルなものもインフォーマルなものも含め、しっかりしたソーシャルサポートを、地域社会に築くことが極めて重要であると訴えたのである。

3 「親をすること」を支援する講座の例：「親と子のふれあい講座」

学習心理学の視点から「親をすること」を支援する官民学協働講座の例を通して、子どもを監護する知識と技術について、理論と実際を学ぼう。

先にもふれたように、制度に基づくフォーマルなソーシャルサポートの代表は「地域子育て支援拠点事業」であろう。拠点では基本的に、①子育て親子の交流の場の提供、②子育て等に関する相談、援助の実施、③地域の子育て関連情報の提供、そして、④子育ておよび子育て支援に関する講習等の実施などを通して、今日の少子化社会で脆弱化したソーシャルサポートを強化し、親が「親になること」から「親をすること」を学び、親の成長を支援している。

親としての育ちを支援する民間の資源も、30年ほど前と比べれば数多く開発されており、当時を思うと隔世の感がある。ここではそうした資源の1つとしてB市において官民学の協働によって開発され、今も提供されている「親と子のふれあい講座」を紹介し、親としての育ちを支えるソーシャルサポートの一例を学ぶこととする。

(1)「親と子のふれあい講座」と親としての育ち

親と子のふれあい講座は、0歳児版（4～5か月の乳児と親を対象)、1歳半児版（生後1年と1～2か月の幼児と親を対象)、そして3歳児版（生後2年と4～5か月の幼児と親を対象）のペアレンティングを学ぶプログラムとして、官（市児童相談所)、民（社会福祉協議会)、学（大学の社会福祉と心理学教員など）の協働によって計画的に進められた。当時は、「マタニティブルー」「子育て不安」といった言葉が話題になりはじめた頃であり、こうした問題に対する援助サービスがほとんどない状況であった。

週1回2時間程度、1クール6～8回のプログラムで、公募により、特に児童相談所などが対象とするような子どもの行動、成長発達に問題はないが、子育てに負担や不安を感じている家庭の親と子10組程度を対象とした。これは、子ども・子育て支援新制度ができるはるか以前のことであるが、今思えば、地域でのソーシャルサポートが脆弱化し、子育て負担・不安が子どもの虐待などへと至ることを予防するための親育ち支援プログラムとしてはじめて開発されたものであり、親としての育ちを地域で支えるサービス資源の先駆けであったといえる。

(2) 親としての3つの役割

30年ほど前のアメリカでは、オレゴン大学のグループがオペラント理論に基づきペアレンティングを分析した援助プログラムを開発して、対応しにくいアグレッシブな子どもへの対処方法を親に指導し、注目されていた。また、ミシガン大学のトーマスは、ホームメイカー（ヘルパー）に、行動理論と学習理論に基づくペアレンティングの知識と技術を教育・訓練し、ホームメイカーが子育てに不安や負担を感じている親とその子どもを家庭において指導するプログラムを開発した。シカゴ大学のピンクトンも、家庭において親に子どもへの接し方をトレーニングするオペラント理論に基づくプログラムを開発した。

B市のプログラムは、こうしたオペラントなどの学習理論に基づくペアレンティングを基礎として開発されたが、さまざまな技法と知識をオペラントの専門用語をできるだけ用いずに親に理解してもらうため、ハーバード大学の小児科医であったホワイトの古典的育児書である『最初の3年間』(1985)で使われた用語を用いてプログラムの理論的部分を構成した。

B市のプログラムでは、親の役割を①「コンサルタント」、②「リミットセッター」、③「アーキテクト」の3つにまとめている。

①コンサルタントの役割とは、上手に子どもの行動をほめ、可能性を伸ばす親としての役割である。オペラント理論の強化(reinforcement)法を活用し、伸ばしたい行動をタイミングよくほめる(強化する)という考え方と方法を、ロールプレイなどを通して身につける。

②リミットセッターの役割とは、他者にとって不快な行動や自分にとって危険な行動を上手に叱る親としての役割である。オペラント理論の行動に対する罰(punishment)技法によって叱る方法や、行動を無視するなどの消去(extinction)法によって行動を減らすなど上手な叱り方を学ぶ。さらに、困った行動に直接働きかけるよりは、伸ばしたい行動を見つけてほめることと組み合わせることが、実は上手な叱り方であることを学ぶ。プログラムではこうした考え方を「キャッチポジティブ」と呼んでいる。

③アーキテクトの役割とは、伸ばしたい行動が起こりやすいように、また、危険な行動が起こりにくいように、子どもの生活環境を整える親としての役割である。設計者・建築家(アーキテクト)として、子どもをほめやすく、叱らなくても済むような環境をつくり出す。

(3)講座(プログラム)の構成

講座(プログラム)では、親が子育てを楽しむための5つの柱(コンセプト)を立て、それらに基づいた内容で構成されている。

①子育てを楽しもうという「意欲」をもてるようになること：子育てはつらいこともあり、重荷となることもあるが、短い子育て期間を「楽しんでやろう」と思えるようになること。
②子ども（特定の自分の子ども）の成長・発達についての「知識」を得ることができること：一般的な子どもの成長・発達についての知識だけではなく、自分の子どもについての成長・発達について知ること。
③成長・発達を手助けする「技術」をロールプレイなどを通して得ることができること：知識だけではなく、成長・発達を支える具体的な子どもとの接し方を身につけること。
④孤立を防ぎ「横のつながり」をもつことができること：ソーシャルサポートが脆弱な社会において、子育てを一人でしているという孤立を防ぐために、参加者同士の横のつながりをもてること。
⑤「息抜き」ができること：子育てには息抜きが必要であることを体験し、息抜きについてのネガティブな気持ちを払拭すること。

図15-1は「1歳半児と親」の講座の例である。

図15-1 「1歳半児と親」のプログラム例

★ プログラム一覧表 （1歳半） ★ FD： AD：

時間＼日	7月5日（木）	7月12日（木）	7月19日（木）	7月26日（木）	8月4日（土） ファミリーデー	8月9日（木）	8月16日（木）
9：50	挨拶・シール貼り	挨拶・シール貼り	挨拶・シール貼り	挨拶・シール貼り	挨拶・シール貼り	挨拶・シール貼り	挨拶・シール貼り
10：00	スタッフ紹介 自己紹介 オリエンテーション お話⓪ シッティングについて	歌と遊び お話① 子どもの発達過程	歌と遊び お話② 子どもの発達課題	歌と遊び お話③ みんなでトーク	歌と遊び 家族で参加 お子さんと一緒に お話④ 親の役割1	歌と遊び お話⑤ 親の役割2 ロールプレイ	歌と遊び まとめ アンケート
11：10	次週予告	グループディスカッション 宿題説明 次週予告	グループディスカッション 宿題説明 次週予告	グループディスカッション 次週予告	グループディスカッション 次週予告	グループディスカッション 次週予告	修了式 修了パーティ
11：30	コミュニケーションタイム	コミュニケーションタイム	コミュニケーションタイム	コミュニケーションタイム	コミュニケーションタイム	コミュニケーションタイム	

さらに詳しく学ぶ

1 オペラントの原則

行動（behavior）はそれがもたらす結果（consequence）によって将来の出現頻度が変化し、結果によって出現頻度が高く（強く）なったり、低く（弱く）なったりする。たとえば、子どもの行動を伸ばしたい（強めたい）場合は、行動を強める結果を与えるようにする。子どもが仲よく遊ぶ行動を伸ばしたい場合、遊んでいるときに、「〇〇ちゃん、仲よく遊んでいてママうれしい！」と声をかける。もちろん遊ぶこと自体が「楽しい結果」なので出現頻度は増すことになるが、このように声かけをすることで、行動の出現頻度はさらに増す。これをオペラントでは行動が強化（reinforcement）されたという。強化は伸ばしたい行動や望ましい行動を増やす（強める）方法として大切となる。

一方、困った行動を抑えたい場合は、「叱る」など、行動を抑える結果を与えることになる。これはオペラントでは罰（punishment）と呼ばれる。行動が無視される場合など、行動に結果がともなわない場合も行動は減少する。これは、消去（extinction）と呼ばれる。基本的にオペラント行動は、こうした強化や罰、消去などの方法によって増えたり減ったりするが、こうした方法が、先のB市の「ふれあい講座」では子どもの行動に対処する方法として提供されている。

2　ほめて伸ばすことの重要性

伸ばしたい行動は、その行動に対してほめたり、励ましたりして強化することになるが、ふれあい講座ではこれを親の3つの役割のうち「コンサルタント」の役割として参加者に伝えている。これは子どもの行動を強制するものではなく、主観的には楽しく行動しながら、子どもにとって自然なかたちで可能性を伸ばすことになるとされる。これを実現するためには、親はしっかりと子どもの行動を観察し、機会を逃さずにほめることが大切であり、先述したように講座ではこれを「キャッチポジティブ」と呼んでいる。親自身も、ほめる行動によって、子どもの伸ばしたい行動が増えるという結果につながるため、さらにほめ上手になるとされる。

3　叱ることの功罪

子どもの困った行動を叱ることは、即座に行動を止める効果があり、親にとっては使いやすい方法である。しかし、日常よく経験するように、効果は長続きせず、子どもは困った行動を再びはじめる。そうなると親はより強く叱ることとなり、最悪の場合、虐待に至ることがある。こうした点を考慮すると、叱るというようなオペラントの罰に依存することは、困った行動を抑える方法として好ましいとはいえない。オペラントでは、叱る場合にはそれを限定的にし、それとは相容れない好ましい行動をほめることが大切であるとしている。好ましい、伸ばしたい行動をしっかりほめることによって、叱らなければならない困った行動をする機会を減らすことになるとされる。つまり「叱り上手はほめ上手」ということになる。結果的に、「キャッチポジティブ」は困った行動を減らすことになるのである。

復習ワーク

1. 叱ることの功罪について整理してみよう。
2. 子育てについて悩んだときに利用できる地域の資源を洗い出し、マップ（エコマップ）を描いてみよう。
3. 「心理学的親」の意味を整理しよう。

参考文献

（第1章）

- DeCasper, A. J. & Fifer, W. P. “Of Human Bonding: Newborns Prefer Their Mothers' Voices” *Science*, 208(4448), 1980.
- MacFarlane, A. “Olfaction in the Development of Social Preferences in the Human Neonates” *Ciba Foundation Symposium*, 33, 1975.
- Fantz, R. L. “Pattern Vision in Newborn Infants” *Science*, 140(3564), 1963.
- Wertheimer, M. “Psychomotor Coordination of Auditory and Visual Space at Birth” *Science*, 134(3491), 1961.
- Siqueland, E. R. & Lipsitt, L. P. “Conditioned Head-turning in Human Newborns” *Journal of Experimental Child Psychology*, 3(4), 1966.
- J. ヴォークレール、明和政子監訳、鈴木光太郎訳『乳幼児の発達——運動・知覚・認知』新曜社、2012年
- J. ピアジェ・B. イネルデ、波多野完治・須賀哲夫・周郷博訳『新しい児童心理学』白水社、1969年
- A. ポルトマン、高木正孝訳『人間はどこまで動物か——新しい人間像のために』岩波書店、1961年
- Fantz, R. L. “The Origin of Form Perception” *Scientific American*, 204, 1961.
- Eimas, P. D. & Siqueland, E. R., et al. “Speech Perception in Infants” *Science*, 171(3968), 1971.
- Meltzoff, A. N. & Moore, M. K. “Imitation of Facial and Manual Gestures by Human Neonates” *Science*, 198(4312), 1977.
- 岩田純一『認識と文化8 <わたし>の世界の成り立ち』金子書房、1998年
- J. ボウルビィ、黒田実郎・大場蓁・岡田洋子・黒田聖一訳『母子関係の理論1（愛着行動）新版』岩崎学術出版社、1991年
- 数井みゆき・遠藤利彦編著『アタッチメント——生涯にわたる絆』ミネルヴァ書房、2005年
- 遠藤利彦『赤ちゃんの発達とアタッチメント——乳児保育で大切にしたいこと』ひとなる書房、2017年
- Tomasello, M. “On the Interpersonal Origins of Self-concept” In U. Neisser(Ed.), *The perceived self : Ecological and Interpersonal Sources of Self-knowledge*, Cambridge University Press, 1993.
- M. トマセロ、大堀壽夫・中澤恒子・西村義樹・本田啓訳『心とことばの起源を探る——文化と認知』勁草書房、2006年
- J. ピアジェ、谷村覚・浜田寿美男訳『知能の誕生』ミネルヴァ書房、1978年
- 田島信元・岩立志津夫・長崎勤編『新・発達心理学ハンドブック』福村出版、2016年

（第2章）

- J. J. ヘックマン、古草秀子訳『幼児教育の経済学』東洋経済新報社、2015年
- J. ボウルビィ、黒田実郎・大羽蓁・岡田洋子訳『母子関係の理論Ⅰ 愛着行動』岩崎学術出版社、1976年
- J. ボウルビィ、黒田実郎・大羽蓁・岡田洋子訳『母子関係の理論Ⅱ 分離不安』岩崎学術出版社、1976年
- J. ボウルビィ、黒田実郎・大羽蓁・岡田洋子訳『母子関係の理論Ⅲ 愛情喪失』岩崎学術出版社、1981年
- 遠藤利彦『赤ちゃんの発達とアタッチメント——乳児保育で大切にしたいこと』ひとなる書房、2017年

●Howes, C. “Attachment Relationships in the Context of Multiple Caregivers” In Cassidy, J. & Shaver, P. R. (Eds.), *Handbook of attachments: Theory, research, and clinical applications*, The Guilford Press.
●越智幸一編著『発達心理学』大学図書出版、2016年
●J. ピアジェ・B. イネルデ、波多野完治・須賀哲夫・周郷博訳『新しい児童心理学』白水社、1969年
●岡本夏木『ことばと発達』（岩波新書）岩波書店、1985年
●佐藤学・秋田喜代美・志水宏吉・小玉重夫・北村友人『岩波講座教育変革への展望3　変容する子どもの関係』岩波書店、2016年
●S. B. ハーディー、塩原通緒訳『マザー・ネイチャー――「母親」はいかにヒトを進化させたか（上・下）』早川書房、2005年
（第3章）
●厚生労働省「乳幼児身体発育評価マニュアル」令和3年3月改訂版
●遠城寺宗徳「遠城寺式 乳幼児分析的発達検査法」慶應義塾大学出版会、1960年
●P. N. ジュスリン・J. A. スロボダ編、大串健吾・星野悦子・山田真司監訳『音楽と感情の心理学』誠信書房、2008年
●郡山市私立幼稚園・認定こども園連合会「郡山市私立幼稚園における東日本大震災後の保育報告書」2021年
●徳永翼・梶本裕之「マスク装着時の地面視野領域の変化」第26回日本バーチャルリアリティ学会大会論文集、2021年
●西館有沙「マスク着用が保育に及ぼす影響に関する保育者の認識」『富山大学人間発達科学部紀要』第10巻第2号、2016年
●田中國夫・田淵創「幼児のあそびの発達――異年齢集団における自由あそびの観察」『関西学院大学社会学部紀要』第35号、1977年
●柴田直峰「幼児の遊びの共有過程の探索的検討――プレイルームにおける砂遊び観察の可能性」『立命館人間科学研究』第8号、2005年
●S. ピンカー、椋田直子訳『言語を生みだす本能 上』日本放送出版協会、1994年
●浜田寿美男『ピアジェとワロン――個的発想と類的発想』ミネルヴァ書房、1994年
●麻生武『コンパクト新心理学ライブラリ8 乳幼児の心理――コミュニケーションと自我の発達』サイエンス社、2002年
●辻大地「保育内容（造形表現）における描画題材の設定内容に関する研究――表象能力の発達過程に着目して」『美術教育学：美術科教育学会誌』第40号、2019年
●西川晶子「幼児の描画発達縦断的検討（M児3歳から5歳）――象徴期から写実の黎明期への移行を幼稚園時の描画の縦断的データから考察する」『信州豊南短期大学紀要』第35号、2018年
●菊野春雄「子どもの嘘と心の理論――演繹仮説と帰納仮説の検討」『人間科学研究紀要』第9号、2010年
●水口啓吾・近藤綾・渡辺大介「他者認識と心の理論が幼児の自己防衛的嘘に及ぼす影響」『広島大学心理学研究』第11号、2011年
●R. S. シーグラー、無藤隆・日笠摩子訳『子どもの思考』誠信書房、1992年
（第4章）
●江村早紀・大久保智生「小学校における児童の学級への適応感と学校生活との関連――小学生用学級適応感尺度の作成と学級別の検討」『発達心理学研究』第23巻第3号、2012年
●小石寛文編『人間関係の発達心理学3　児童期の人間関係』培風館、1995年
●小石寛文編著『子どもの発達と心理』八千代出版、2007年
●松永あけみ「児童期における「友だち」という存在の認識の発達的変化――小学校1年生

から6年生までの6年間の作文の分析を通して」『明治学院大学心理学紀要』第27号、2017年
●文部科学省「令和3年度 幼児教育実態調査」2022年
●文部科学省「学びや生活の基盤をつくる幼児教育と小学校教育の接続について――幼保小の協働による架け橋期の教育の充実」2023年
●佐伯胖「なぜ、今、幼・保・小の連携か――「子どもらしさ」の回復」『幼児の教育』第102巻第11号、2003年
●三宮真智子『メタ認知で<学ぶ力>を高める――認知心理学が解き明かす効果的学習法』北大路書房、2018年
(第6章)
●E. H. エリクソン、西平直・中島由恵訳『アイデンティティとライフサイクル』誠信書房、2021年
●臨床発達心理士認定運営機構監、本郷一夫・田爪宏二『講座・臨床発達心理学3　認知発達とその支援』ミネルヴァ書房、2018年
●坪井寿子「生涯発達からみた連続・非連続的変化の両面性について――獲得と喪失からの検討」『未来の保育と教育――東京未来大学保育・教職センター紀要』第8巻、2021年
●堀薫夫「ポール・バルテスの生涯発達論」『大阪教育大学紀要 第Ⅳ部門教育科学』第58巻第1号、2009年
●リクルートブライダル総研「婚活実態調査2022」2022年
●内閣府「令和元年度子供・若者の意識に関する調査」2020年
●厚生省『平成9年版厚生白書』1997年
●Horn, J. L. & Cattell, R. B. "Age Differences in Fluid and Crystallized Intelligence" *Acta Psychologica*, 26, 1967.
●内閣府『令和5年版高齢社会白書』2023年
●山田智子・礒村由美・乗越健輔・白木智子・近藤裕子「高齢者における人生の振り返りに関する質的研究」『広島国際大学看護学ジャーナル』第16巻第1号、2019年
●K. W. Schaie・S. L. Willis、岡林秀樹訳『成人発達とエイジング』ブレーン出版、2005年
●落合正行・石王敦子「老年期における発達心理学的諸問題」『追手門学院大学地域支援心理研究センター紀要』第9巻、2012年
●服部祥子『生涯人間発達論――人間への深い理解と愛情を育むために 第3版』医学書院、2020年
(第7章)
●Maslow, A. H. "Preface to Motivation Theory." *Psychosomatic Medicine*, 5, 1943.
●岡堂哲雄編『家族心理学入門 補訂版』培風館、2008年
●E. H. エリクソン、仁科弥生訳『幼児期と社会1』みすず書房、1977年
●J. ボウルビィ、黒田実郎・大羽蓁・岡田洋子訳『母子関係の理論1（愛着行動）』岩崎学術出版社、1977年
●K. コナリー・J. ブルーナー編著、佐藤三郎訳編『コンピテンスの発達――知的能力の考察』誠信書房、1979年
●野沢みつえ「親業ストレスに関する基礎的研究」『教育学科研究年報』第15号、1989年
●柏木恵子・高橋恵子編著『発達心理学とフェミニズム』ミネルヴァ書房、1995年
●棟居洋介・高橋潔「地球温暖化が世界の自然植生に及ぼす影響およびその経済的評価」『環境科学会誌』第13巻第3号、2000年
●Odd News（2023／01／10）
●三宅和夫・北尾倫彦・小嶋秀夫編『教育心理学小辞典』有斐閣、1991年

●中島義明・安藤清志・子安増生・坂野雄二・繁桝算男・立花政夫・箱田裕司編『心理学辞典』有斐閣、1999年
●岡本夏木・清水御代明・村井潤一監『発達心理学辞典』ミネルヴァ書房、2003年
●大山正・藤永保・吉田正昭編『心理学小辞典』有斐閣、1999年
●下山晴彦編集代表『心理学辞典 新版』誠信書房、2014年
●W. C. クレイン、小林芳郎・中島実訳『発達の理論』田研出版、1988年
(第8章)
●岡安孝弘「子どものストレスとコーピングの特徴」『小児看護』第26巻第8号、2003年
(第9章)
●厚生労働省『令和4年版厚生労働白書』2022年
●内閣府『令和4年版少子化社会対策白書』2022年
●内閣府『令和3年版少子化社会対策白書』2021年
(第10章)
●内閣府『令和4年版男女共同参画社会白書』2022年
●内閣官房「こども政策の新たな推進体制に関する基本方針について」2021年
●大日向雅美『母性愛神話の罠 増補』日本評論社、2015年
●香山リカ『ノンママという生き方——子のない女はダメですか?』幻冬舎、2016年
●厚生労働省『令和4年版厚生労働白書』2022年
●ニッセイ基礎研究所「「M字カーブ」底上げの要因分析」基礎研レター、2017年
(第11章)
●松岡亮二『教育格差——階層・地域・学歴』筑摩書房、2019年
●小林盾『ライフスタイルの社会学——データからみる日本社会の多様な格差』東京大学出版会、2017年
●札幌市子ども・子育て会議児童福祉部会「令和元年6月死亡事例に係る検証報告書」2020年
●多言語絵本の会RAINBOWホームページ
(第12章)
●青木紀久代編『シリーズ知のゆりかご　子ども家庭支援の心理学』みらい、2019年
●厚生労働省「知ることからはじめよう みんなのメンタルヘルス」
●松本園子・永田陽子・長谷部比呂美・日比曉美・堀口美智子『子ども家庭支援の心理学』ななみ書房、2019年
●相良順子・小泉左江子編『子ども家庭支援の心理学』ナカニシヤ出版、2020年
●立花直樹・津田尚子監、要正子・小山顕・國田祥子編『子どもと保護者に寄り添う「子ども家庭支援の心理学」』晃洋書房、2022年
●藪中征代・玉瀬友美編著『子ども家庭支援の心理学——生涯発達・子どもの家庭と心の健康の理解』萌文書林、2022年
(第13章)
●森岡清美・望月嵩『新しい家族社会学 改訂版』培風館、1987年
●総務省「住民基本台帳人口移動報告2015年結果」2016年
●総務省「平成27年国勢調査」2016年
●総務省「令和2年国勢調査」2020年
(第14章)
●内閣府『令和4年版少子化社会対策白書』2022年
●内閣府『令和3年版少子化社会対策白書』2021年
●芝野松次郎・新川泰弘・山川宏和編『社会的養護入門』ミネルヴァ書房、2021年

(第15章)
- Pecora, P. J., Whittaker, J. K. Richard, P. B., Sharon. B & William. V "*The Child Welfare Challenge: Policy, Practice, and Research*" Aldline de Gruyter, 2009.
- 芝野松次郎「親と子のふれあい講座（行動療法しつけ指導事業）」『育ち行く子ども――療育指導事業（発達クリニック）の実践と研究 Ⅷ』神戸市総合児童センター、2013年
- Kotch, J. B., Browne, D. C., Ringwalt, C. L., Stewart, P. W., Ruina, E., Holt, K., Lowman, B. & Jung, J. W. "Risk of Child Abuse or Neglect in a Cohort of Low-income Children." *Child Abuse & Neglect*, 19(9), 1995.
- バートン・L・ホワイト、吉岡晶子訳『ホワイト博士の育児書――3歳までに親がすべきこと』くもん出版、1997年

索引

欧文

あ

か

さ

た

な

は

ま

や

ら

わ

編集・執筆者一覧

編集代表

芝野松次郎（しばの・まつじろう）関西学院大学名誉教授

編集

新川泰弘（にいかわ・やすひろ）関西福祉科学大学教授

榎本祐子（えもと・ゆうこ）びわこ学院大学短期大学部専任講師

執筆者（50音順）

宇治和子（うじ・かずこ）郡山女子大学短期大学部准教授……第3章

榎本祐子（えもと・ゆうこ）前掲……第9章

木村将夫（きむら・まさお）関西福祉科学大学専任講師……第8章

栗川直子（くりかわ・なおこ）尚絅大学短期大学部准教授……第4章

小高　恵（こたか・めぐみ）太成学院大学教授……第5章

佐藤高博（さとう・たかひろ）つくば国際短期大学専任講師……第6章（さらに詳しく学ぶ）

芝野松次郎（しばの・まつじろう）前掲……第15章

菅眞佐子（すが・まさこ）滋賀短期大学特任教授／滋賀大学名誉教授……第1章

須河内貢（すごうち・みつぐ）大阪人間科学大学教授……第2章

鳥丸佐知子（とりまる・さちこ）京都文教短期大学教授……第10章

新川泰弘（にいかわ・やすひろ）前掲……第14章

野口和也（のぐち・かずや）八戸学院大学短期大学部教授……第12章

松田久美（まつだ・くみ）北翔大学短期大学部准教授……第7章（授業までの準備／基本を学ぶ）

村田健治（むらた・けんじ）奈良佐保短期大学専任講師……第6章（授業までの準備／基本を学ぶ）

室谷雅美（むろや・まさみ）豊岡短期大学教授……第7章（さらに詳しく学ぶ）

吉岡亜希子（よしおか・あきこ）北海道文教大学教授……第11章

李政元（り・じょんうぉん）関西学院大学教授……第13章

事例で楽しく学ぶ　子ども家庭支援の心理学

2023年9月30日　発行

編集代表　芝野松次郎
編　　集　新川泰弘・榎本祐子
発 行 者　荘村明彦
発 行 所　中央法規出版株式会社
〒110-0016　東京都台東区台東3-29-1　中央法規ビル
TEL 03-6387-3196
https://www.chuohoki.co.jp/

本文・装丁デザイン　澤田かおり（トシキ・ファーブル）
カバー画　芝野松次郎
イラスト　藤田侑巳
印刷・製本　株式会社アルキャスト

定価はカバーに表示してあります。
ISBN978-4-8058-8843-8